거꾸로 교실 현장 실천 가이드

나는
거꾸로 교실
거꾸로 교사

나는 거꾸로 교실 거꾸로 교사

거꾸로 교실 현장 실천 가이드

초판 1쇄 인쇄 2018년 11월 16일
초판 1쇄 발행 2018년 11월 30일

지은이 류광모·임정훈
펴낸이 김승희
펴낸곳 도서출판 살림터

기획 정광일
편집 조현주
북디자인 꼬리별

인쇄·제본 (주)현문
종이 월드페이퍼(주)

주소 서울시 양천구 목동동로 293, 22층 2215-1호
전화 02-3141-6553
팩스 02-3141-6555
출판등록 2008년 3월 18일 제313-1990-12호
이메일 gwang80@hanmail.net
블로그 http://blog.naver.com/dkffk1020

ISBN 979-11-5930-079-0 03370

나는
거꾸로 교실
거꾸로 교사

거꾸로 교실 현장 실천 가이드

류광모 · 임정훈 지음

교육은 빛의 속도로 변화하고 있다

"하늘 천天, 땅 지地, 검을 현玄, 누를 황黃." 필자가 초등학생일 때 달달 외웠던 천자문의 일부분이다. 초등학교 4학년 때 천자문을 모두 외워 부모님께 선물을 받았던 기억이 있다. 하지만 지금은 '누를 황黃' 까지만 기억이 난다. 무조건적으로 지식을 암기하고 학교 시험 시간에 사지선다형 객관식 문제 20개와 단답형 주관식 문제 5개를 풀고, 시험 점수로만 학생을 평가했던 우리의 학창 시절 이야기이다.

사회에서 추구하는 교육 시스템과 교육철학이 그때와 비교하면 많이 변화하였다. 최근에는 변화하는 속도가 점점 더 빨라지고 있다. 혹자는 정보화·세계화 시대의 도래로 인해서 교육이 빛의 속도로 변화하고 있다고 말한다. 산업혁명 시대부터 실시되었던 교사 주도의 주입식 대량화 교육은 더 이상 빠르게 변화하는 교육 요구를 충족시키지 못한다. 지금의 교육은 창의적이고 자기주도적인 학습자를 길러내는 것에 초점이 있기 때문이다. 다시 말해 기존 교사 중심의 교육 방식은 빠르게 변화하는 환경 속에서 더 이상의 대안이 될 수 없다.

교육 외적인 환경도 스마트 테크놀로지의 비약적 발달로 인해 빠르게 변화하고 있다. 언제 어디서나 쉽게 ICT 기술을 활용하여 학습할 수 있으며, 인터넷을 통해 집단지성을 형성하고 지식을 생산하고 공유할 수 있게 되었다. 스마트 테크놀로지의 발전 및 활용은 교육 방법의 빠른 전환을 야기하였다. 스마트 기기를 이용하여 정보를 수집하고 협업을 통해 문제를 해결하는 스마트 교육이 등장하였다. 스마트 교육은 문제해결력, 협업, 창의력 등 고차원적인 사고력을 신장시키기 위해 스마트 기기를 활용한 다양한 학습 활동을 제시하며, 강의 기반의 개별적인 수업부터 그룹 기반의 협력적인 수업까지 다양한 학습 환경을 제공한다.

또한 교육 패러다임과 교육 환경의 변화는 교사의 역할에도 큰 영향을 미치고 있다. 교사들은 다양한 ICT 기술을 교수·학습 과정에 활용하여 자기주도적 학습, 개별화 학습을 촉진하고, 단순한 지식 전달의 강의식 수업에서 벗어나 다양한 교수·학습 방법을 활용하게 되었다. 경쟁적인 학습에서 협력적인 학습으로, 교사 중심에서 학습자 중심으로, 결과보다는 과정 중심으로 시각의 전환이 일어났다.

이러한 교육 체제 변화의 필요성에 따라 전 세계 학교현장에 거꾸로 교실이라는 새로운 교수·학습 방법이 등장하였다. 기존 학교 시스템의 변화와 학습자들의 요구를 충족시키기 위해 새로운 교수·학습 방법으로 실천되고 있는 거꾸로 교실은 최근 2~3년 동안 교육현장에 널리 확산되고 있다. 거꾸로 교실은 우리나라 교육에 긍정적인 큰 파장을 미치고 있으며, 새로운 교육에 목마른 많은 교사들에게 단비 같은 역할을 하고 있다.

이 책이 빛의 속도로 변화하는 교육현장에서 널리 퍼지고 있는 거꾸로 교실에 대해 같이 알아보고 고민해보는 계기를 마련해주었으면 한다.

이 책에서는 거꾸로 교실의 탄생 배경(A)부터 구체적인 실행 절차 (Z)까지 소개하고 있다. 또 실제 학교현장에서 거꾸로 교실을 처음으로 시도하고자 하는 교사들을 위한 가이드라인을 담고 있다.

먼저 1장에서는 우리 교육의 한계점에 대해 살펴보고, 21세기 창의 융합형 시대를 살아갈 우리 아이들에게 무엇이 필요한지, 거꾸로 교실이 왜 전 세계적으로 인기를 끌고 있는지, 거꾸로 교실을 통해 얻을 수 있는 효과는 무엇인지 생각해보았다.

2장에서는 거꾸로 교실의 개념과 구체적인 교수·학습 절차를 소개하였다. 학교현장에서 일반적으로 실천되는 거꾸로 교실의 실행 단계를 쉽게 설명하였다. 또한 스마트 교육과 거꾸로 교실의 관련성을 설명하였으며, 왜 스마트 교육과 거꾸로 교실이 접목되어야만 하는지에 대한 이유에 대해서도 제시하였다.

3장에서는 거꾸로 교실과 관련된 교육이론들을 제시하여, 거꾸로 교실에 숨어 있는 이론적 배경을 소개하였다. 관련 이론적 근간을 이해하는 것은 우리가 운전면허 시험을 볼 때 이론 시험을 먼저 보는 것과 같이 매우 중요하다고 할 수 있다. 이론적 배경을 이해함으로써 거꾸로 교실을 교육현장에서 실천할 때 올바른 방향성을 갖게 될 것이다.

4장에서는 거꾸로 교실을 실천하고 있는 현장 교사들의 인터뷰 내용을 소개하였다. 거꾸로 교실을 학교현장에서 매우 우수하게 실천하고 있다고 인정받는 6인의 인터뷰 내용을 바탕으로 거꾸로 교실 실천 노하우를 솔직 담백하게 나누고자 하였다.

5~8장에서는 거꾸로 교실 현장 실천 가이드를 소개하였다. 거꾸

로 교실을 실천하기 위해 필요한 기초 소양부터 환경 조성, 수업 설계 및 디딤 영상 제작, 구체적인 교실 수업 스킬 등과 관련된 실행 지침과 실제 사례를 제시하고자 노력하였다. 이를 통해 거꾸로 교실을 한 번도 접해보지 못한 교사도 차근차근 따라 하면서 실천할 수 있도록 내용을 구성하였다.

이 책을 읽고 많은 분들이 학교현장에서 실제로 거꾸로 교실에 도전해보기를 바란다.

2018년 10월

저자 일동

---

*거꾸로 교실은 '반전 학습', '역전 학습', '플립 러닝(Flipped Learning)' 등 다양한 명칭으로 불린다. 이 책에서는 '거꾸로 교실'이라는 용어로 통일해서 사용하였다.

차례

2부 실천 편

1부

이론 편

저자 중 한 사람은 거꾸로 교실을 실제로 적용하는 연구학교에서 2015년부터 2년간 연구부장을 역임하였다. 이렇게 일선 학교현장에서 경험하는 동시에 대학원에서 거꾸로 교실을 주제로 박사논문을 쓰면서 학문적으로 거꾸로 교실을 연구하였다. 또 다른 저자는 2014년부터 대학에서 거꾸로 교실에 관한 다양한 이론적 탐색 및 실천적 적용을 위해 꾸준히 노력해왔다.

이러한 경험을 통해 저자들은 거꾸로 교실이 우리나라 교실 혁신을 위한 효과적인 전략이 될 수 있음을 깨달았다.

1부에는 현장 실천 경험과 대학에서 학문적으로 공부한 내용을 바탕으로 거꾸로 교실과 관련된 다양한 이론적 내용을 담았다.

1장
거꾸로 교실에서 찾은 희망

"시작은 미약하나 끝은 창대하리라!"

_성경 욥기 8장 7절

거꾸로 교실의 시작과 현재를 잘 표현하는 문구라고 생각한다.

거꾸로 교실은 2007년 미국 콜로라도주의 작은 시골 고등학교에서 탄생하였다. 평범한 고등학교 화학 교사인 버그만Bergmann과 샘스Sams의 작은 도전에서 시작됐다.

운동 경기나 다양한 학교 행사 참여로 인해 수업에 자주 빠지는 학생들을 위해 강의 영상을 만든 다음, 학생들에게 CD에 영상을 담아 집에서 보고 오도록 한 것이다. 버그만과 샘스는 거꾸로 교실 전과 후의 교실 모습과 학생들의 학업성취도가 확연히 달라진 것을 깨닫고 미국 전역에 전파하기 시작했다.

이렇게 미약하게 시작한 거꾸로 교실은 현재 미국을 중심으로 전 세계로 확산되고 있다. 우리나라에서도 디지털 교과서 정책 연구학교와 '미래교실네트워크'[1]라는 자발적 교사 연구모임을 통해 거꾸로 교실이 적극적으로 실천되고 있다.

1. 우리 교육의 현주소

"한국의 아이들이 미래를 준비하기 위해서는 대량생산체제를 위해 고안되었던 한국의 대량 교육 시스템이 탈대량화되지 않으면 안 된다."

"21세기 한국의 교육 시스템은 어느 곳, 어느 장소에서든 혁신적이고 독립적으로 생각할 수 있는 능력을 배양함으로써 그러한 환경에 적응하고 살아갈 수 있는 학생들을 준비시킬 필요가 있다."

세계적인 석학인 미래 학자 앨빈 토플러가 2001년 '위기를 넘어서: 21세기 한국의 비전'이라는 연구보고서에서 한 말이다. 교사 위주의

---

1. 거꾸로 교실을 실천하는 교사들이 서로의 사전 동영상과 수업에 적용한 다양한 활동을 공유하며, 거꾸로 교실의 확산을 위해 소통하고 협력하려는 목적으로 세워진 비영리 단체이다(미래교실네트워크, 2016).

강의식 수업과 아침부터 밤늦게까지 공부하는 한국의 현재 교육은 산업화시대의 낡은 교육 방법이라는 것이다.

이 밖에 언론 매체나 다양한 교육 지표에서 우리나라 교육의 한계점을 찾을 수 있었다. OECD에서 실시하는 학업성취도 평가인 PISA[2] 순위에서 우리나라는 항상 상위권에 위치한다. 아래 표에 나타난 것처럼 최근 6회의 결과를 보더라도 꾸준하게 읽기, 수학, 과학 분야에서 모두 최상위권에 분포하고 있다.

PISA 순위

단위: OECD 국가순위

	읽기	수학	과학
2000년	6위	2위	1위
2003년	2위	2위	3위
2006년	1위	1~2위	5~9위
2009년	1~2위	1~2위	2~4위
2012년	1~2위	1위	2~4위
2015년	3~8위	1~4위	5~8위

출서: 교육부 e-나라지표

반면에, 우리나라 학생들이 느끼는 행복감은 다음에 나타난 인터넷 교육 관련 신문 제목처럼 크지 않다.

---

2. PISA는 'Programme for International Student Assessment'의 약자로 OECD에서 3년 주기로 실시하는 국제적 교육 수준 지표이다.

성적 최상 흥미 최하

교실 개혁 교실 일깨우고

한국 학생은 행복하지 않다

행복지수 6년째 OECD 꼴찌

다음 그래프는 OECD 22개국 학생들을 대상으로 주관적 행복지수를 조사해 나타낸 것이다.

OECD 2016년 주요국 어린이·청소년 주관적 행복지수 순위

출처: (재)한국방정환재단

교사 주도의 일방적 지식 암기 위주의 강의식 교육과 입시 위주의 학교교육 시스템 등은 우리나라 학생들의 정서를 갉아먹고 있다.

위의 그래프에서 볼 수 있는 바와 같이, 불행하게도 우리나라는 22개 국가 중에서 82점으로 꼴찌를 했다. 2009년 조사 이후부터 쭉 꼴

찌이다. 2015년에만 23개국 중에서 겨우 19위를 하고 2016년에 다시 꼴찌, 2017년에는 20위를 차지하였다.

안타깝게도 여전히 우리나라 학교교육은 입시 중심, 일방적 교사 주도의 강의식 수업이 대다수이다. 2001년에 앨빈 토플러가 지적한 내용을 여전히 개선하지 못하고 있다. 우리 아이들이 살아갈 앞으로의 사회에서는 암기식·주입식 교육으로는 더 이상 높은 수준의 성취와 부모들이 원하는 좋은 성과를 기대할 수 없다.

이것이 우리나라 교육의 현주소이다. 열심히 공부하지만 행복하지 않은 학생들, 이러한 학생들을 학교에서 억지로라도 교육해야 하는 교사들, 그리고 이러한 현실을 잘 인지하고 있음에도 좋은 대학을 보내기 위해 공부를 잘하라고 독려해야 하는 부모들, 참 안타까운 현실이 아닐 수 없다.

2. 거꾸로 교실, 그 속에서 찾은 해답

미래 교육의 트렌드에 발맞추어 KERIS[3]에서는 학습자들이 우선적으로 증진해야 할 역량으로 문제해결력, 협력, 창의적 능력, 의사소통,

---

3. 대한민국 교육부 산하 위탁집행형 준정부기관으로, 컴퓨터와 인터넷의 교육적 활용에 관한 기초 연구와 정책 개발, 국가 단위 교육 및 학술연구 정보 서비스를 운영하고 있는 정부산하기관이다(출처: 위키백과).

도전의식, 윤리의식, 배려, 자기주도성, 유연성 등의 고차원적인 사고력을 제시하였다. 기존의 교사 주도의 일방적 강의법으로는 고차원적인 사고력을 키우기가 어렵다. 또한 주입식 교육은 학습자들이 행복하지 않고 배움에 대해서 부정적인 인식을 갖게 하는 문제점이 있다.

고차원적인 사고력을 키우려면 다양한 학습자 활동을 포괄할 수 있는 새로운 교수·학습 전략이 필요하다. 더욱더 창의적이고 자기주도적인 학습자와 타인을 배려하는 바른 인성을 갖고 협력할 수 있는 학습자를 길러내는 것은 우리 교육이 해결해야 할 숙제이다.

이를 위해 우리 교육은 단순 지식의 습득보다는 학습하는 방법에 대한 학습을 중시하는 교육, 개별 학습보다는 협력학습, 발달된 ICT를 적절하게 활용하는 교육으로 변화해야 한다. 이를 통해 배움이 즐거운 학교, 학생들이 행복한 학교가 될 수 있을 것이다.

이러한 흐름을 반영하여 '거꾸로 교실'이라는 새로운 교수법이 등장하였다. 2014년 KBS 파노라마 〈21세기 교육혁명 거꾸로 교실의 마법〉이라는 프로그램을 통해서 우리나라에 본격적으로 소개되기 시작하였다.

거꾸로 교실은 전 세계의 교육혁신 방향을 예측하는 'NMC HORIZON 2015 REPORT'[4]에 소개되면서 더욱 많은 관심을 받게 되

---

4. NMC(New Media Consortium)에서 무료로 배포하고 있는 보고서로 교육 분야별로 나누어서 각각의 트렌드를 리포팅한다. 전 세계 50명 이상의 관련 전문가들에 의해서 연구되는 권위 있는 보고서이다.

었다. 앞으로 1년 이내에 교육혁신 방법으로 전 세계적으로 인기를 끌 것이라고 예측하였다. 현재 그 예측은 적중했으며, 전 세계의 많은 교육자들이 거꾸로 교실을 실천하고 있다.

'NMC HORIZON REPORT'에 따르면 거꾸로 교실은 21세기 학습자들에게 필요한 역량을 키우기에 적합한 교수·학습 전략이면서 새로운 수업 혁신의 트렌드이다. 21세기를 살아갈 지금의 학습자들은 단순히 지식을 암기하고 이해하는 수준을 넘어서 지식을 스스로 구성하고 새로운 지식을 창출해야만 한다. 이러한 배움을 통해 학습자들은 배움의 필요성과 즐거움을 느끼게 되고. 결국에는 학생들이 행복한 교실이 될 것이다.

다음은 필자 중 한 사람이 실제 근무 했던 연구학교에서 거꾸로 교실을 2년간 접한 학생들과 교사들의 인터뷰 내용의 일부이다.

"언제 어디서든지 편리하게 사전 영상을 볼 수 있어서 너무 좋았어요. 학교 오는 게 즐겁고 좋아졌어요. 수업 시간이 지루하지 않고 즐거워졌어요. 모르는 부분이 있으면 사전 영상을 반복적으로 볼 수 있어서 내용을 이해하기 쉬웠어요. 학교에서 친구들과 대화하면서 공부할 수 있어서 너무 좋았고, 모르는 내용도 쉽게 이해할 수 있어서 너무 좋았어요!"

_학생 인터뷰에서

학생들의 인터뷰 내용을 한마디로 요약하면 "거꾸로 교실은 좋았다", "학교가 즐거워졌다"로 정리된다. 인터뷰하는 도중에도 아이들의 얼굴 표정에는 즐거움이 가득 차 있었다. 학생들이 행복한 교실이 된 것이다. 학교 수업을 즐거워하고 웃음이 가득한 교실 모습이 그려졌다.

> "수업 시간에 대부분 학생 중심의 활동 중심 수업을 할 수 있어서 너무 좋았어요. 대부분의 교실 수업 시간에 학생들이 말하는 시간, 자신의 생각을 표현하는 시간, 생각을 공유하는 기회를 줄 수 있어서 너무 좋았습니다. 학생들과 소통할 수 있는 기회가 많아진 것 같아요. 학생들이 즐겁게 수업에 참여하는 모습이 보이니 없던 힘도 납니다. 학생들에게 친근한 담임선생님의 얼굴이 사전 동영상에 나오니 학생들이 흥미를 갖고 동영상을 보는 것 같아요!"
>
> _교사 인터뷰에서

교사들의 인터뷰 내용 역시 거꾸로 교실의 효과에 대해서 매우 긍정적임을 알 수 있다. 무엇보다 학생 중심의 학습을 통해 교사가 주인이 아닌 학생들이 주인이 된 수업을 한 것이다. 또한 학생들이 즐겁게 참여하는 모습을 볼 수 있다는 것이 인상적이다.

교실 현장뿐만 아니라 여러 문헌에서도 거꾸로 교실의 교육 효과에 대해서 말하고 있다.

거꾸로 교실은 동료들과 소통하고 협업하는 과정을 통해 문제를 해결함으로써 학생들의 이해가 깊어지는 효과를 얻을 수 있으며, 사전 동영상을 학습자 스스로가 통제하면서 시청함으로써 학습자 개개인의 속도에 맞는 학습을 할 수 있다. 또한 거꾸로 교실에서는 교사가 학생을 칭찬하거나 격려하고 학생과 대화하는 과정에서 공감과 소통이 자주 일어나 학생들의 정의적인 면도 발달하게 된다.

이러한 거꾸로 교실의 교육 효과는 우리에게 교육의 새로운 방향을 시사한다.

지금의 교육은 학생들이 자기주도적으로 활동할 수 있는 시간을 주고 자연스럽게 협업과 지식 구성을 할 수 있게 도와주어야 하는데, 이를 가장 효과적으로 실현할 수 있는 교육이 거꾸로 교실인 것이다. 학생들 스스로 지식을 구성하고 협업을 통해서 새로운 것을 창출하는 학습이 이루어지며, 이 과정에서 배움의 즐거움을 느낄 수 있으며, 나아가 행복한 교실과 학교가 될 수 있을 것이다.

즉, 거꾸로 교실을 통해 우리는 지금 우리 교육의 문제에 대한 해답을 찾을 가능성을 발견할 수 있을 것이다.

2장
거꾸로 교실 파헤치기

박영숙과 제롬Jerome은 저서 『유엔미래보고서 2045』에서 스마트 테크놀로지의 비약적인 발달로 인한 급격한 교육 환경의 변화를 언급했다. 언제 어디서든지 ICT를 활용하여 학습할 수 있으며, 집단지성으로 학습 네트워크 구축을 통해 지식을 생산하고 공유하는 시대가 도래함을 강조하였다.

TED, 코세라, 칸 아카데미 같은 온라인 강의로 지식을 학습하고 공유하는 교육 모습은 미래가 아니라 현재이다. 지금도 전 세계의 학습자들은 이러한 온라인 강의를 통해서 배움을 얻고 있다.

교육 외적인 환경의 변화를 기반으로 거꾸로 교실은 더욱 발전·확산되고 있다. 거꾸로 교실에서 중요한 것은 단순히 일반적인 수업 절차를 뒤집어 사전 강의 동영상을 온라인상에서 미리 보게 하는 단계가 아니라 교실에서 이루어지는 다양한 학습자 중심 활동 단계이다. 최신 ICT 기술로 만든 멋진 사전 동영상보다 실제 교실에서 이루어질 학습자들의 활동이 훨씬 중요함에도 불구하고, 필자 또한 거꾸로 교실을 처음 실시한 해에는 사전 동영상을 어떻게 만들지 무척 고민했었다. 이는 누구나 한 번쯤 겪는 초보 거꾸로 교실 실천 교사의 시행착오라고 할 수 있다.

거꾸로 교실은 온라인 사전 동영상을 통해 온라인 수업과 교실 수업을 연계하며 각 학습의 주제별로 적합한 교수 전략을 적용할 수 있으며 학습자 중심의 다양한 학습 활동, 활발한 상호작용 및 토론 활동을 통해 지식을 공유하고 창출할 수 있는 특징이 있다.

1. 거꾸로 교실이란?

거꾸로Flipped 교실Classroom의 'Flipped'를 해석하면 '확 뒤집다'라는 뜻이다. 쉽게 말해서 일반적인 수업 단계를 거꾸로 뒤집었다고 이해하면 된다. 거꾸로 교실의 실행 절차를 알아보기 전에 먼저 거꾸로 교실의 개념을 정확히 이해해야 한다.

거꾸로 교실은 일반적으로 기존의 교육 방식을 뒤집어, 집에서 교사가 올려놓은 동영상 강의를 듣고 학교에서는 활동과 문제해결 위주의 수업으로 진행되는 교육 방법이다. 이러한 거꾸로 교실에 대해서 많은 학자들이 개념을 설명하고 있다.

다음 표는 여러 연구에서 정의 내리고 있는 거꾸로 교실의 개념들을 정리한 것이다.

다양한 거꾸로 교실의 개념 설명

연구자	개념 설명
Richard & Streyer (2012)	학생 중심, 활동적인 학습을 촉진하는 방식으로 전통적인 수업 방법에 비해서 수업 시간에 교사와 학생 사이의 상호작용을 증가시키고, 학습의 책임과 소유권이 교사에서 학생으로 넘어가는 교육 방법
Bishop & Verleger (2013)	테크놀로지 기반의 동영상 강의를 통한 교사 중심의 사전 학습과 협력 및 상호작용이 강조되는 학생 중심의 교실 수업
이종연, 박상훈, 강혜진, 박성열 (2014)	학생들이 배울 주요 개념을 인터넷을 통해 동영상으로 자율적으로 학습하고 수업 시간에는 토론, 실습, 실험 등의 다양한 활동을 통해 학습하는 새로운 교육 방법
이민경 (2014)	거꾸로 교실은 강의 내용을 집에서 온라인으로 미리 학습하고 학교에서 학습 내용을 확인 혹은 활동 학습을 하는 참여형 수업
Bergmann & Sams (2012)	기본적이고 핵심적인 교과 내용을 교사가 구축해놓은 동영상을 통해 학생들이 수업 전에 미리 보고 수업 시간에는 질문과 토론, 동료 협업 활동 등 학생 중심 학습으로 학습이 이루어지는 교육 방법
Johnson & Renner (2012)	전통적인 학습 모델이 "거꾸로" 진행되는 것으로, 학생은 집에서 먼저 학습 내용을 배우고 수업 시간에는 급우들과 협력적인 환경에서 과제를 수행하는 교육 방법
채석용 (2015)	거꾸로 교실은 교사의 일방적인 강의 내용을 반복 학습하는 선형적인 수업이 아니라 동영상 중심의 예습, 교사와 학생의 상호 소통식 수업, 학생 상호 간의 소통식 수업을 진행하는 입체적 교육 방식

임정훈, 김상홍 (2016)	학생들이 가정이나 일상생활에서 공부해야 할 핵심 개념을 미리 동영상을 통해 자율적으로 학습하고 온라인으로 의사소통하며, 학교에 와서는 교수자와의 질의응답, 동료 학생들과의 토론이나 프로젝트, 팀 활동 등을 수행하는 학습자 중심의 교육 방식

▶ 필자들이 정리하는 핵심

거꾸로 교실이란?

온라인상에서 디지털 매체를 활용하여 교사가 준비해놓은 자료를 통해 학생들이 기본 선행 학습을 하고 오프라인인 교실에서는 심화·보충 학습을 위한 문제해결, 동료들 간의 토의·토론 등 다양한 학습자 중심의 학습 활동을 통해 수업을 진행하는 교수·학습 방법.

2. 거꾸로 교실과 스마트 교육의 만남

미국의 교육학자 프렌스키Prensky는 저서 *Digital natives, digital immigrants*에서 'Digital natives'라는 용어를 처음으로 사용하였다. 현재 젊은 세대는 디지털 원주민이고, 기성세대는 디지털 이민자라는 것이다. 그만큼 21세기 학습자들은 디지털 기기를 매우 능숙하게 다루고 인터넷에서 스스로 필요한 정보를 찾고 SNS(Social Networking

Service)를 활용하여 정보를 공유해 집단지성을 통해 문제를 해결할 수 있는 능력을 보유하고 있다.

교실 혁신인 거꾸로 교실이 대부분의 학교현장에서 첨단 스마트 테크놀로지와 스마트 기기를 활용해 진행되는 이유이기도 하다. 거꾸로 교실 실천가이면서 학자인 김상홍 박사의 견해에 따르면 거꾸로 교실이 스마트 교육과 결합하여 적용되면 기존 거꾸로 교실의 단점을 보완할 수 있다. 스마트 기기를 활용해 사전 영상을 시·공간적 제약을 받지 않고 학습할 수 있으며, 사전 개념 학습 시 생긴 의문점이나 더 알고 싶은 점 등을 SNS를 통해 바로 묻고 답할 수 있다. 또 다양한 스마트 어플이나 프로그램을 이용해 문제를 해결할 수 있다. 협업 마인드 맵(Cacoo, OKMindmap), 온라인 투표(Mentimeter, Pingpong), 온라인 토론(Padlet, Groupme), 웹 포트폴리오(Seesaw, Wedorang) 등 다양한 스마트 도구를 활용해 학생들은 협력하여 문제를 쉽게 해결할 수 있다.

SNS를 통한 상호작용, 협업 실천, 정보 검색, 공유 등 ICT의 교육적 유용성은 대부분의 현장 교사들도 인정한다. 거꾸로 교실 선구자인 버그만과 샘스도 거꾸로 교실과 스마트 기기가 접목되면 교수·학습 과정에서 언제 어디서든지 쌍방향 상호작용이 가능해져서 매우 큰 효과를 가져온다고 하였다.

필자들 또한 학교에서 거꾸로 교실 실천 시 클래스팅[5], 위두랑[6], 페이스북 등 다양한 학급 SNS를 통해 사전 동영상과 논의 주제를 제시하여 다한 관점으로 토론에 참여하도록 유도했으며, 스마트 소양 교육으로 실제 수업에서 다양한 스마트 도구를 활발하게 사용해본 경험이 있다.

거꾸로 교실에 대해 필자가 수행한 만족도 조사에 따르면, 교사와 학생들의 거꾸로 교실 실천을 위한 SNS 사용 및 스마트 도구 관련 만족도가 매우 높게 나타났다. 스마트 기기와 거꾸로 교실의 결합은 기존 거꾸로 교실의 단점과 한계점을 보완하는 데 매우 유용하다는 것을 실제로 확인할 수 있었다.

그렇기 때문에 현재의 거꾸로 교실은 처음 시작되었을 때의 개념과는 어느 정도 다른 관점에서 이해해야 한다. 지금 학교에서 실시되고 있는 거꾸로 교실의 형태는 대부분이 스마트 기기를 활용한 거꾸로 교실이기 때문이다.

스마트 교육 기반 거꾸로 교실은 스마트 기기를 활용해 교사가 구축한 온라인 사전 동영상을 통한 사전 개념 이해 수업과 학교 수업을 연계하며, 각 학습 유형별로 다양한 교수법을 적용할 수 있는 융통성 있는 수업 형태이다.

앞으로 우리 교육현장에서 거꾸로 교실을 실천할 때 최신 스마트

---

5. 클래스팅은 교육용 SNS(Social Networking Service)의 하나로 학급 운영과 학습 서비스를 원활하게 할 수 있도록 지원해준다. 알림장, 무료 메시지, 앨범, 게시 글 올리기 등등의 다양한 기능이 있다. 최근에는 클래스팅 러닝이라는 온라인 교육 콘텐츠도 제공하고 있다.
6. 위두랑 역시 교육용 SNS의 하나로 Keris에서 개발했다. 가장 큰 특이점으로는 디지털 교과서와 연계된다는 것이다. 내 소식 글 보기, 내 클래스 글 보기, 알림장 보기, 상담하기 등의 다양한 기능이 있다.

테크놀로지를 활용해 사전 동영상을 공유하고 SNS를 통해 온라인 학습을 진행하는 것은 선택이 아니라 필수가 된 것이다.

3. 거꾸로 교실 교수·학습 절차

거꾸로 교실은 단순히 수업의 순서를 바꿔서 수행하는 형태의 '거꾸로'가 아니라 수업의 과정 및 목표까지 현재의 교육 패러다임에 부합하도록 실천하는 총체적인 교수·학습의 전환이다.

거꾸로 교실 교수·학습 절차는 우리가 알고 있는 일반적인 수업 절차와 완전히 반대로 이루어진다. 기존 일반적인 수업과 거꾸로 교실의 수업 시간을 비교해보면 다음과 같다. 수업 주제 관련 강의 영상을 가

일반적인 수업과 거꾸로 교실 수업 시간 비교(40분 수업 예시)

수업 단계	일반적인 수업 예시		거꾸로 교실 수업 예시	
	활동	시간	활동	시간
도입	동기유발	3분	동기유발	3분
전개	교사의 주제 강의	30분	동영상 강의와 관련한 질의응답 및 선수 학습 정도 확인	5분
정리	퀴즈를 통한 내용 정리	5분	학습자 중심의 문제해결 활동	30분
기타	차시 예고 및 과제 제시	2분	차시 예고 및 과제 제시	2분

정에서 보고 오기 때문에 교실 수업에서 학생들의 활동 시간이 비약적으로 늘어나는 것이 가장 큰 특징이다.

　다음 그림은 거꾸로 교실을 처음으로 시도했던 버그만과 샘스가 제시한 거꾸로 교실의 교수·학습 절차를 참고하여 필자들이 거꾸로 교실을 실천하고 있는 동료 교사들과 협의하여 재구성한 것이다.

스마트 도구를 활용한 거꾸로 교실 교수·학습 절차

가정에서의 온라인 활동 1	학교에서의 오프라인 활동 1	학교에서의 오프라인 활동 2	가정에서의 온라인 활동 2
• 사전 개념 학습 관련 동영상 강의 듣기 • 배움 노트 작성 • 학습 안내, 평가 기준 제시(SNS) • 사전 개념 학습 관련 온라인 상호작용(SNS) • 학습 문제 확인	• 학습 목표 제시 • 사전 개념 학습 관련 내용 점검(질문, 상호 토의, 퀴즈 제시) • 주요 개념에 대한 피드백 제시(보충 설명, 추가 자료 제시) • 주요 학습 활동 안내	• 모둠별 문제 해결 활동 • 주제에 적합한 학습자 중심의 다양한 협력 활동(토의-토론, 하브루타, 문제 풀기 등) • 활동 과정에 대한 교사의 적절한 피드백 • 결과 발표 및 결과에 대한 피드백 제시	• 학습 목표 관련 형성평가 제시(SNS) • 수업 후기, 학습 관련 글쓰기(성찰 일기) • 온라인 피드백 제공 및 활동 결과 평가 • 친구들의 댓글을 통한 동료 및 자기 평가

거꾸로 교실의 일반적인 단계를 바탕으로 스마트 기기와 온라인 학급 SNS를 활용하는 교수·학습 절차로 구성하였다. 교수·학습 절차는 수업 전 활동(가정에서의 온라인 활동 1), 수업 활동 준비(학교에서의 오프라인 활동 1), 수업 활동(학교에서의 오프라인 활동 2), 수업 후 활동(가정에서의 온라인 활동 2)으로 나뉜다.

수업 전 활동(가정에서의 온라인 활동 1)에서는 사전 동영상 강의 듣기, SNS를 통한 학습 안내 및 평가 기준 제시, 온라인 상호작용 등이 이루어진다. 수업 활동 준비 단계(학교에서의 오프라인 활동 1)에서는 사전 개념 학습 관련 내용 점검, 주요 개념에 대한 교사의 피드백 제시 등의 활동이 이루어진다. 수업 활동 단계(학교에서의 오프라인 활동 2)에서는 학습자 중심의 다양한 활동, 수준별 맞춤형 학습, 결과 발표 등의 활동이 이루어진다. 끝으로 수업 후 활동(가정에서의 온라인 활동 2)에서는 관련 형성평가 해결, 성찰 일기 쓰기, 댓글을 통한 피드백 제공, 동료 평가 및 자기 평가 등이 실시된다.

필자들이 재구성한 거꾸로 교실 교수·학습 절차는 다음과 같은 특징이 있다. 첫째, 사전 선행 학습을 위한 자료는 반드시 동영상 자료일 필요는 없다.

사전 개념 학습을 위해서 동영상 형태가 아닌 교사 본인이 제작한 다른 종류의 자료를 사용할 수 있다. 심지어 다른 사람이 제작해놓은 자료를 활용할 수도 있다. 매 수업마다 강의 동영상을 만들려고 많은 시간을 투자하는 것보다 교실 수업과 연계하는 것이 더욱 중요하다.

둘째, 온라인 SNS를 통해 즉각적인 피드백이 가능하다.

기존 거꾸로 교실에서는 CD에 저장된 사전 동영상을 가정에서 시청하기 때문에 공부하다가 생기는 의문점을 교사에게 즉각적으로 물어볼 수 없다는 단점이 있었다. 하지만 스마트 도구를 활용한 거꾸로 교실에서는 온라인 SNS를 통해 시공간적인 제약을 벗어나 언제 어디서든지 질문을 공유하고 답변을 들을 수 있다.

셋째, 학생들에게 배움 노트 작성법을 사전에 지도해야 한다.

학생들에게 사전 동영상을 시청한 후 이와 관련된 배움 노트를 조직화하여 적는 노트 필기법을 지도해야 한다. 노트에는 새로 알게 된 내용Knowledge, 질문할 내용Question, 더 알고 싶은 내용Wonder 등을 구분하여 적도록 한다. 필자는 학생들에게 노트 필기법을 쉽게 설명하기 위해 이를 KQW 필기법이라고 부른다.

3장
거꾸로 교실에 숨어 있는
다양한 교육이론

교수·학습 혁신 체제로서 새롭게 등장한 거꾸로 교실이 어떤 교육 이론의 기반에 근거하고 있는지 알아야 교육적 활용 및 실천 방법을 명확하게 이해할 수 있다.

거꾸로 교실의 이론적 기저에는 학습자 중심 교육 사조인 구성주의, 온라인과 오프라인의 적절한 연계와 결합을 강조하는 블렌디드 교육, 학습자 수준에 적합한 개별화 교육으로 학습 목표에 도달하는 완전학습, 하브루타나 토의·토론 등의 협력 활동을 통해 학습자가 다른 학습자를 도우면서 학습이 일어나는 동료 교수법 등이 있다.

거꾸로 교실에서 교사는 온라인에서의 사전 영상을 활용한 개인별 수준에 맞는 자기주도적 학습과, 온라인에서의 사전 학습과 적절히 연계된 오프라인에서의 다양한 학습자 중심 활동 및 동료 교수법 등을 통해 학습자 스스로가 지식을 구성하고, 학습 목표를 달성하는 완전학습을 실현하려고 노력한다.

이 장에서는 거꾸로 교실과 관련된 교육이론 네 가지(구성주의, 블렌디드 교육, 완전학습, 동료 교수법)를 자세히 살펴보고자 한다.

1. 학습을 바라보는 관점이 변화한다

역사적으로 살펴보면 학습을 바라보는 관점은 계속해서 변화하고 있다. 산업혁명 이후의 학교교육은 대량성과 효율성의 측면과 다수를 상대로 한 강의식 교수법을 강조하였다. 교수자 중심의 객관주의적 전략이 통용된 것이다. 그러나 현대에는 이러한 교육 패러다임이 변화하고 있다. 기존의 교육은 지식 습득에 중점을 둔 반면 최근에는 지식을 구성하는 방법이 강조되면서 구성주의에 기반을 둔 학습자 중심 수업이 강조되고 있다.

교수자 중심의 객관주의 교수·학습은 학습자에게 가장 효과적이고 효율적인 방법으로 지식을 알리거나 전달하는 것을 교수 목적으로 한다. 모든 지식은 수업 전에 구조화되며 교사는 미리 준비된 내용을 일방적으로 제시하는 역할을 한다. 또한 개별적 학습 환경, 즉 개인 활동, 개인 성취의 중요성을 강조하며 지식의 단순 암기와 이해를 중요시한다.

그러나 학습자 중심의 구성주의 교수·학습은 항상 실제적이고 구체적인 상황을 배경으로 한 지식을 제공하며, 모든 학습 문제는 항상 실제적 상황을 전제로 제공된다. 즉, 구성주의 교수·학습에서는 개인의 경험에 근거한 학습을 강조한다. 학습자들의 문제해결 경험이 필수적으로 제공되어야 한다는 것이다. 따라서 학습의 결과도 학습자 개인에 따라 다르다는 것을 인정한다.

이렇듯 객관주의와 구성주의의 교수·학습 전략은 학습자와 교수자의 위치 혹은 역할, 학습 목표나 전개 과정, 평가를 바라보는 관점 등에서 현격한 차이가 있다.

구체적으로 객관주의 교육 사조인 행동주의, 인지주의와 구성주의를 비교하면 조금 더 쉽게 이해할 수 있다. 행동주의는 학습을 통해 관찰 가능한 인간 행동의 변화에 초점을 둔다. 대표적으로 파블로프Pavlov의 개 실험이 있다. 종을 치면 개가 반사적으로 침을 질질 흘리며 반응하는 실험이 행동주의를 잘 나타낸다. 우리가 학교에서 사용하고 있는 집중 벨이나 상과 벌이 구체적인 예라고 할 수 있다.

인지주의는 행동보다는 우리 인간의 내적인 인지 과정 변화에 초점을 둔다. 겉으로 드러나는 행동보다는 지식을 이해하고 암기했는지가 중요하다. 정보처리이론이 그 대표적인 예라고 할 수 있다. 인간이 정보를 어떻게 처리하는지가 주 관심사이다.

그에 반해 구성주의는 학습자 스스로의 실천을 통해 학습이 일어나는 과정에 초점을 둔다. 구성주의라는 말 그대로 학습자가 토론하고 실험하고, 문제를 해결하면서 스스로 지식을 구성하여 학습이 이루어진다는 것이다. 객관주의 교육 사조가 교사 중심이라면, 구성주의는 학생 중심이다.

교사와 학생 간, 학생과 학생 간 상호작용, 친구들과 같이 문제를 해결하면서, 혹은 자신만의 글로 배움을 표현하는 배움 노트나 성찰 일기를 쓰면서, 옆 친구에게 자신의 말로 문제를 설명하면서, 지식을 스스로 강화하거나 구성해나간다. 새로운 산출물을 만들거나 프로젝트를 해결하면서 학생 스스로 자신의 경험을 바탕으로 지식을 새롭게 생성해내는 것이 구성주의 교육 사조의 특징이다.

객관주의와 구성주의는 학교교육의 시스템 측면에서도 확연히 구분된다. 산업사회를 배경으로 나타난 근래의 학교교육 시스템은 대량성과 효율성을 위해 집단을 대상으로 한 강의식 교수법, 지식암기학습, 지식이해학습 중심의 객관주의 교육 사조였다면, 지금과 미래의 학교교육 시스템은 지식구성학습, 지식창출학습 중심의 구성주의 교육 사조를 강조한다.

우리가 실천하고자 하는 거꾸로 교실은 철저하게 구성주의에 기반을 둔 학습자 중심 수업 방법이다. 거꾸로 교실에서 교사는 지식을 전달하는 사람이 아니라 퍼실리테이터로서의 역할을 한다. 학습자 스스로 철저하게 지식을 구성해가는 수업 방법을 지향한다. 단순히 지식을 암기하고 이해하는 것에 그치는 것이 아니라 배운 지식과 자신의 경험을 바탕으로 새로운 지식을 구성한다. 그리고 이를 활용해서 새로운 어떤 것을 만들어내는 것이 핵심이다.

즉, 거꾸로 교실을 통해 학생들은 지식의 암기와 이해를 넘어 지식을 새롭게 구성하고 무엇인가를 새롭게 창조(미술작품, 표현활동, 음악 활동, 동영상, 제안서, 지역사회 캠페인 등)하는 경험을 한다.

2. 배움은 어디에서든지 일어난다

거꾸로 교실은 기존의 교육 방식과는 다르게 온라인으로 제공되는 사전 학습을 통해 가정(온라인)에서 지식을 습득하고, 이러한 지식을 기반으로 학교(오프라인)에서는 다양한 학습 활동 등을 통해 문제해결 중심의 수업을 진행한다.

온라인 사전 학습은 학습자의 요구가 발생할 때 언제 어디에서든지 할 수 있다. 즉 배움이 언제, 어디에서든지 일어날 수 있는 것이다.

이러한 거꾸로 교실은 블렌디드 교육과 흔히 혼동되기도 한다. 일반적으로 블렌디드 교육은 온라인 교육과 오프라인 교육의 결합을 지칭한다. 하지만 블렌디드 교육과 관련된 많은 문헌들에 따르면, 최근에는 이 개념이 다양하게 확장되는 추세이다.

블렌디드 교육에서 '블렌디드Blended(혼합된)'라는 용어의 의미가 넓어지고 있다. 단순히 온라인과 오프라인 교육의 혼합만을 의미하지 않는다. 다양한 학습 전략이나 학습 매체까지도 혼합하여 활용하는 수업 전략을 의미한다. 즉 '면대면 수업과 온라인 수업의 장점을 결합하고, 다양한 학습 전략과 다양한 수업 매체를 활용함으로써 수업의 효과를 극대화시키는 교육을 블렌디드 교육'이라고 이야기한다.

최근의 블렌디드 교육이 확장된 개념으로 정의되므로 거꾸로 교실과 매우 유사하게 보일 수 있지만, 이 둘은 다음과 같이 분명한 차이가 있다.

첫째, 블렌드디 교육에 비해 거꾸로 교실은 온라인과 오프라인의 활용 형태가 명확하게 구분된다. 블렌드디 교육과 거꾸로 교실 둘 다 온라인과 오프라인 교육을 섞는다는 공통점이 있는 건 분명하나 거꾸로 교실은 반드시 온라인을 통해 개념 학습을 실시하고 오프라인에서는 개념 이외의 상위 기능에 대한 학습을 수행한다.

인지적 학습 수준의 위계를 블룸Bloom에 근거하여 '지식-이해-적용-분석-종합-평가'로 구분했을 때, 거꾸로 교실에서는 하위 단계의 지식과 이해 부분은 온라인 사전 학습을 통해 이루어지며, 상위 단계인 적용, 분석, 종합, 평가 단계는 오프라인 수업을 통해 달성된다. 반면에, 블렌디드 교육은 온라인과 오프라인 교육을 혼합하기는 하지만 온라인과 오프라인에서의 학습 활동에 대한 구체적인 지침이나 안내를 제시하지 않는다.

둘째, 학습 주체의 차이이다. 블렌디드 교육과 거꾸로 교실 모두 궁극적으로는 학습의 효과성을 높이고자 한다. 그런데 거꾸로 교실에서는 학습의 주체를 학습자로 명시하는 반면 블렌디드 교육에서는 학습의 주체에 대한 언급이 없다. 그렇기 때문에 블렌디드 교육에서는 교사 주도의 수업과 학생 주도의 수업 모두 실시될 수 있다.

이처럼 거꾸로 교실은 온라인과 오프라인을 결합한다는 측면에서는 블렌디드 교육과 유사해 보이지만, 온라인과 오프라인 학습 형태에서 명확한 구분과 구체성을 띠며 학습자 중심의 활동을 강조한다는 측면에서 블렌디드 교육과 구별된다.

이러한 관점에서 거꾸로 교실은 블렌디드 교육의 진화된 형태라고 말하고 싶다.

3. 완전학습을 실현하다

완전학습은 최적의 교수·학습 조건을 제공할 경우 학급 내 약 95%의 학생이 주어진 학습 과제의 약 90% 이상을 완전히 학습할 수 있다는 이론이다. 완전학습을 논의할 때 등장하는 대표적인 학자는 블룸Bloom과 캐럴Carroll이 있다.

블룸은 학습자의 출발점 행동을 잘 파악해서 천편일률적인 방법이 아닌 각 개인에게 맞는 학습 처치나 방법이 적용된다면 누구나 완전학습에 도달할 수 있다고 강조한다. 즉, 사전 진단 등을 통해 학습 결핍을 파악하고 이에 맞게 교수·학습을 진행하면 완전학습을 실현할 수 있다는 것이다.

거꾸로 교실에서는 블룸이 제시한 것처럼 학습자들의 수준과 특성에 맞는 전략과 피드백을 제공함으로써 완전학습을 실현하기 위해 노력한다. 거꾸로 교실의 오프라인 수업에서 교사는 학생들과 소통하는 기회를 많이 갖고 학생 개개인의 수준과 특성에 따른 다양한 활동과 피드백을 주기 위해 힘을 쏟는다.

무엇보다 기존의 전통적인 수업과 다르게 거꾸로 교실 수업에서는 교사 위주의 강의식 수업이 아니라 학생 주도의 다양한 활동이 이루어지기 때문에 교사는 시간적인 여유를 갖고 학생들에게 맞춤형 피드백을 제공하기가 훨씬 수월하다.

또한 캐럴은 학습자마다에게 적합한 학습 시간을 제공할 것을 강조하였다. 학생 개개인에게 필요한 학습 시간에는 분명한 차이가 있다. 학생 수준에 맞는 충분한 학습 시간이 주어지면 완전학습에 도달하기가 수월하다는 것이다.

거꾸로 교실에서는 캐럴이 말한 학습자 수준에 맞는 충분한 학습 시간을 제공한다. 모든 학생들이 같은 시공간에서 같은 내용을 배우는 기존의 강의식 교수법과 달리 거꾸로 교실의 온라인 사전 학습은 학습자 스스로 학습 속도를 조절할 수 있고 학습자가 원한다면 언제, 어디서든지 충분한 학습 시간을 가질 수 있다.

이처럼 거꾸로 교실은 학생들이 완전학습을 실현할 수 있도록 적절한 교육 환경과 여건을 조성한다. 여러분도 거꾸로 교실을 통해 완전학습을 실현해보기를 바란다.

4. 누구나 교사이자 학생이다

동료 교수법은 학습자가 짝을 이루어 서로 가르치면서 협력을 통해 학습을 수행해나가는 교수·학습 전략이다. 동료 교수 과정에서 가르치는 학습자는 자신의 지식을 동료 학습자에게 설명하는 과정을 통해 알고 있는 지식을 다시 한 번 점검하고 확인하게 됨으로써 학습이 일어난다. 동료 학습자뿐만 아니라 동료 교수자에게도 학습이 일어나는 것이다.

동료 교수법은 크게 네 가지로 구분될 수 있다.[7] 일대일로 개인지도를 하는 동료 개인지도, 수준이 비슷한 학습자들끼리 모둠을 구성하여 문제를 해결하는 동료 협동, 수업 외의 시간에 서로 짝이 되어 동료 교수자가 동료 학습자를 계속적으로 지원하는 동료 지원, 문제해결 과정을 다양한 수준의 학생들이 함께 참여하여 해결해가는 협력학습 등이 있다.

이렇게 다양한 형태가 있지만 동료 교수에는 공통적으로 두 가지 특징이 있다. 첫째, 전통적인 교실 수업에서는 교사 주도의 수업 진행이 일어나지만 동료 교수에서는 학생 주도의 수업이 일어난다. 전통적인 교사 주도 수업에서는 학습 속도가 느리거나 성취수준이 낮은 학생들은 학습을 따라가기에 많은 어려움이 있었다. 하지만 동료 교수에

---

7. 송은아, 강완과 백선윤(2008)의 연구에서는 동료 교수의 형태를 동료 개인지도, 동료 협동, 동료 지원, 협력학습 등 크게 네 가지로 구분하고 있다.

서는 학생들끼리 서로 가르쳐주고, 협력하여 문제를 해결해나가면서 각자 자기 수준에 맞게 학습이 일어난다.

둘째, 동료 교수에서는 인지수준이 높은 교사가 아니라 자신과 인지수준이 유사한 학생들끼리 협력하면서 문제를 해결해나가기 때문에 정서적 안정과 일체감을 느낄 수 있다. 같은 또래인 학습자끼리 가르치고 배우는 과정을 통해서 정서적 안정을 느끼고 자아효능감이 커지게 된다.

이러한 특징을 갖고 있는 동료 교수는 거꾸로 교실의 주요 교수·학습 전략으로 활용되고 있다. 거꾸로 교실에서는 모둠별 퀴즈 시합, 토의토론, 주제별 모둠 프로젝트 학습이 많이 실시된다. 이러한 활동들은 대부분이 동료 교수법을 기반으로 이루어진 것이다. 동료 교수를 통해서 학생들끼리 협력하고 의논하는 시간이 기존의 전통적인 수업에 비해서 훨씬 많아졌다. 거꾸로 교실은 수업의 중심을 교사로부터 학생으로 옮겼으며 학습자들에게 소통과 협업의 시간을 넉넉히 제공한다.

거꾸로 교실 창시자인 버그만과 샘스도 거꾸로 교실 수업의 초점을 학습에 두고 동료 교수법을 적극 활용하였다. 거꾸로 교실 실천을 위한 교수·학습 전략으로 학습자 중심의 동료 교수법을 제시하면서 학생들이 서로 도울 수 있도록 격려하면서 편안한 환경을 조성할 필요성을 강조하였다.

거꾸로 교실에서는 수업과 관련된 중요 개념에 대해서 사전 동영상을 통해 미리 학습해 오기 때문에 수업 시간에는 학생 중심의 다양한 활동이 실시된다. 교사의 일방적인 설명보다는 학생들끼리 상호작용을 통해서 문제를 해결하면서 배움이 일어나게 된다.

이처럼 거꾸로 교실에서 동료 교수법은 필수적인 교수·학습 전략이라 할 수 있다. 거꾸로 교실을 교사들이 학교현장에서 실천할 때 무엇보다 동료 교수법에 대한 기본적인 이해가 선행되어야 한다.

4장
거꾸로 교실 실천 교사와의
생생 인터뷰

여기서는 거꾸로 교실 현장 실천 우수 교사 6인과의 생생한 만남을 소개한다. 거꾸로 교실을 꾸준히 실천하고 있는 교사 6명을 어렵사리 만날 수 있었다. 유비가 제갈공명을 세 번 찾아가 설득한 것처럼 이들을 만나기 위해 필자들 또한 삼고초려三顧草廬하였다. 거꾸로 교실의 노하우를 공유하는 소중한 시간이었다.

거꾸로 교실 분야에서 인정받는 재야의 고수들, 그들이 말하는 거꾸로 교실은 과연 무엇일까? 6명의 각기 다른 색깔에는 공통적으로 거꾸로 교실에 대한 강한 믿음이 있었다.

1. 권태기를 극복한 베테랑 교사[8]

1-1. A교사: 거꾸로 교실은 혁신이다

'하하하하' A교사 하면 떠오르는 웃음소리이다. 생긴 외모만큼 웃음소리도 호탕한 그는 거꾸로 교실을 시작한 지 4년이 된 40대 남교사이다. 거꾸로 교실이 우리나라에 본격적으로 처음 소개된 것이 2014년이니 거꾸로 교실 원조 교사라 하겠다.

교직에 입문한 지 거의 20년이 되었다는 그는 여전히 열정이 넘쳤다. '교사로 근무한 지 10년이 넘어가니 열정이 많이 식는 것이 일반적인데, 아니 어떻게 이렇게 포스가 넘쳐흐를까?' 그를 만나면서 처음 느꼈던 의문점이었다. 보통 필자 주변의 교사들은 10년이 지나면 권태기를 겪는다고 한다. 필자 또한 그랬고, 필자가 아는 동료 교사들도 대부분 그렇게 말하곤 했다.

> "거꾸로 교실은 꼭 한 번은 시도해봐야 합니다. 우리나라
> 교실 교육에 혁신을 가져왔습니다"
>
> _A교사의 인터뷰에서

---

8. 베테랑 교사란 교육 고경력자로 내공이 매우 깊고, 학생들을 매우 많이 사랑하는 교사, 우리는 그들을 거꾸로 교실 '덕후'라 칭한다.

거꾸로 교실 전도사 같은 그의 확신에 찬 표현에 필자도 모르게 오싹한 느낌이 들었다.

'거꾸로 교실의 힘이 그렇게 대단한가?'

'거꾸로 교실이 진짜 권태감에 빠진 교사를 변화시킬 수 있을까?'

마음속 이러한 물음표의 답을 알기 위해 그의 말에 더욱 집중하였다.

내용 이해를 돕기 위해 아래와 같이 Q&A 형식으로 정리하였다.

Q 거꾸로 교실을 실천하면서 생긴 문제점은 무엇인가요?

A 아이들에게 거꾸로 교실을 하면서 참 즐거웠다. 하지만 모든 수업 시간에 거꾸로 교실을 적용하는 것은 조금 어려움이 있었다. 지금은 부분적으로 필요한 경우만 거꾸로 교실로 진행하고 있다. 거꾸로 교실로 진행하지 않는 수업이 너무 어렵다. 뭔가를 전달, 강의하려다 보니 너무 힘들다. 일반적인 강의법으로 가르쳐야 하는 부분에 대한 어려움이 생겼다.

거꾸로 교실을 실천하면서 생기는 부작용이 '강의 위주의 수업을 못 하겠다'는 말이다.

참 아이러니했다. '교사가 강의를 어려워하다니…' 수업의 주도권을 학생들에게 거의 다 넘겨주다 보니 교사 자신이 주도하는 수업에 어려움을 느낄 정도라는 것이다.

이쯤 되면 거꾸로 교실 '덕후' 아닌가?

Q 거꾸로 교실 수업을 실천할 때 가장 중요한 것이 무엇인가요?
A 가장 중요한 역할은 학생을 믿고 학생을 기다려주는 것이다.
  학생들 입장에서는 뭘 배웠지? 교사들은 뭘 가르쳐줬지? 기
  본적으로 학생들에 대한 믿음이 가장 중요하다. 격려의 역할
  이 가장 중요하다. 그 외에 중요한 것은 다양한 교사의 경험이
  다. 말 그대로 가르침을 배우고, 배움으로 교실을 채우려고 갈
  구하다 보니 디자인 싱킹, 비경쟁 독서토론, 놀이수업, 세계 민
  주시민교육 등 다양한 분야에 대해서 스스로 연구하고 공부
  했다. 이러한 것들이 이제는 거꾸로 교실 수업을 디자인하는
  데 다양한 재료가 된다.

  A교사의 답변은 '믿음'과 '연구' 두 단어로 정리할 수 있다. 학생들
이 문제를 해결할 때 정답을 주지 않고 학생들 스스로 할 수 있다는
믿음을 가지고 옆에서 묵묵히 기다려주는 것을 강조했다. 거꾸로 교실
을 잘 실천하려면 인내심도 많아야 한다. 필자 역시 수업 노하우가 나
름대로 많이 축적되어 있지만 '기다리기!' 정말 어렵다. 기다리지 못하
고 정답을 말하곤 했던 내 자신이 부끄러웠다.
  또한 다양한 교육 주제에 대해서 교사 스스로 연구하고 노력해야
한다고 했는데, 뭐 이건 21세기를 살아가고 있는 우리나라 교사로서

지녀야 할 기본자세 아닌가? 하지만 말처럼 쉽지만은 않다. 오늘부터라도 공부하는 자세로 생활해야겠다. 스스로 반성하게 되었다.

Q 거꾸로 교실을 이제 막 시도해보고자 하는 실천 후배 교사들에게 해줄 한마디는?

A 지금 사실, 중등은 절벽 앞에 있다. 중등은 벌써 교실 붕괴다, 망하기 직전이다. 더 이상은 안 된다. 교실 붕괴, 학교 붕괴가 왔다. 더 이상 물러날 곳이 없다. P연수원에서 어떤 교감 선생님께서 하신 말씀이 기억난다. 교육 경력이 30년이 훌쩍 지났는데 후배 교실을 갔더니 달라진 게 없더라, 자기가 가르쳤을 때와 지금 21세기를 살아가야 하는 교실에서도 변한 게 없더라. 이제는 혁신이 필요하다. 바꿔야 한다. 성적이 높은 학생보다 거꾸로 교실을 경험했던 학생들이 더 좋은 대학에 들어갔다. 왜냐하면 프로젝트 수업, 수업 시간에 대학교 교재를 가지고 공부하고, 학생 스스로 필요한 내용을 선별해서 공부하고 의논하니 아이들이 다양한 활동을 하고 자기소개서를 잘 쓰게 돼서 좋은 대학에 가게 되었다. 프로젝트 학습을 하면서 더 많은 생각을 하고 공부도 잘하게 되었다. 이렇게 좋은 거꾸로 교실 꼭 한번 도전해보라고 이야기하고 싶다."

딱 한 문장으로 요약하면, 'Just do it!'이다. 학생들이 변화하는 모습을 보고, 실제 좋은 결과가 나타나고 있다는 것이다. '한 번쯤 꼭 실천해보고 자신이랑 맞지 않으면 안 하면 되는 거 아닌가?' '더 이상 물러날 곳이 없는 학교 교실에서 한 번쯤 도전해보고 변화된 교실을 만들어보는 것, 생각만 해도 멋진 일이다!'

Q 실천했던 수업 중에서 가장 성공한 거꾸로 교실 수업은?

A 어떤 수업이 성공한 수업이냐? 말하기 쉽지 않지만, 교사와 학생이 만족했느냐를 기준으로 보면, 내가 매달 하는 비경쟁 독서토론 수업을 말하고 싶다. 사전 디딤 영상[9]을 제시하여 책을 보고 세 가지 질문을 학급 SNS에 올리도록 한다. 그리고 서로 질문에 대한 답을 하게끔 한다. 영상을 만들기도 하고, 아님 질문 형식으로 디딤 영상을 제시한다. 서로 답과 질문을 공유하게 한다. 진지한 대화를 하는 것처럼, 결론을 내지 않고, 경쟁을 하지 않고, 서로 소통하고 공유하는 방법의 독서토론 수업이다. 월드 카페 형식으로 수업을 진행하였다. 만족스러운 이유는 학생 참여식 수업이 잘 실천되었기 때문이다. 이 수업의 주체는 학생들이다. 교사는 단순 안내자, 단계마다 필요한 것들(카드, 포스트잇)만 준비해주고 나머지는

---

9. 거꾸로 교실 수업을 위해서 사전에 시청하도록 하는 영상이라는 의미이다. 현장에서는 사전 강의 영상을 '디딤 영상', '사전 동영상', '사전 영상', '거꾸로 수업 영상' 등 다양한 명칭으로 부른다. 이 책에서는 '디딤 영상', '사전 동영상', '사전 영상'이라는 용어들을 혼용해서 사용하였다.

학생들이 다 하기 때문에 학생들 생각이 커지고, 만족스러운 모습이 보인다. 가장 좋았던 이유는 수업의 주도권을 학생들이 가지고 있다는 것이다. 교사는 안내자 역할만 맡는다.

'학생 주도적 수업, 학생 중심 수업, 학생 참여 수업', 이는 거꾸로 교실의 가장 큰 장점이다. 교실 수업 시간의 대부분을 학습자 중심으로 다양한 활동을 하도록 하는 것이 거꾸로 교실 수업의 성공 요인이라고 말한다. 필요한 준비물만 제공해주고 단순 안내자, 촉진자 역할만 하는 교사의 모습에서 거꾸로 교실의 성공 요인을 볼 수 있다. 교실 수업에서 진짜 아무것도 하지 않는 것처럼 보이는 교사가 있어야 성공한 수업인 것이다. '진짜 편하지 않을까? 뒷짐 지고 아이들 토닥토닥 격려하고, 준비물을 나눠 주고, 방향만 안내하는….' 물론 많은 고민과 연구를 통해 거꾸로 교실 수업을 잘 설계해야 가능한 일이다.

Q 실천했던 수업 중에서 가장 실패한 거꾸로 교실 수업은?

A 수학에서 문제 만들기 수업을 학생들이 너무 어려워해서 거꾸로 교실로 수업을 실천하였다. 다양한 학습자 중심 활동 중에서 또래 학습을 통해 학습하게 했다. 결과적으로 문제 만들기 수업은 망했다. 학생들을 믿지 못하고 내가 간섭해서 그런 것 같다. 너 지금 뭐 하고 있어? 아무것도 안 하고 있어? 지금 장난친 거야? 계속 간섭하고 있는 나를 보면 수업은 100% 망한

수업이다. 학생들이 문제를 스스로 소통하면서 협력하면서 구
조화하고 해결해야 하는데, 기다려주지 못하고 간섭하니 수업
이 망했다. 학생들을 믿고 기다려줘야 하는데, 이를 참지 못했
다. 믿지 못하는 것이다. 서로 큰 소리로 이야기하고 웃고 떠
들면서 학생들은 스스로 배우고, 재미를 느끼면서 배움이 일
어난다는 것을 믿고 기다릴 줄 알아야 한다.

A교사의 거꾸로 교실 수업이 실패한 이유는 단순했다. 교사의 '간
섭', '가르치고자 하는 마음'인 것이다. 어느 정도의 통제는 필요하지만
학생들을 믿고 기다릴 줄 아는 게 거꾸로 교실에서 중요한 요인이다.
학생들이 소란스럽게 토의할 때 조용히 하라고 윽박지른 필자 모습이
떠올라 부끄러웠다. 물론 정숙하게 토의하는 방법을 지도하는 것도 교
사의 능력이니 학기 초에 토의 방법을 차분히 훈련시키는 것도 중요한
과정이다.

Q 거꾸로 교실을 실천하면서 달라진 점은 무엇인가요?
A 어느덧 18년 차 교사가 되어 있었다. 남은 교직생활을 어떻게
보내야 할지, 무기력한 아이들, 무기력한 교사였다. 하지만 거
꾸로 교실 수업을 준비하면서 수업에 대한 열정이 다시 살아
났다. 거꾸로 교실을 하면서 자발적으로 무엇인가를 하려는
내적 동기가 생겼다. 스스로 하고자 하는 나와 아이들의 변

화된 모습이 너무 좋았다. 신규 교사 때처럼 열정에 불이 붙었다.

그리고 자존감이 너무 높아졌다. 이전에는 교원평가, 학생들의 피드백을 받으면 수업 외적인 것이 대부분이었는데, 요즘에는 수업에 대한 피드백이 많다. 학부모나 교사, 학생들의 피드백을 들여다보면 수업에 대한 것이 많다. 또 학생들이 서로 만날 수 있도록 원탁 형태로 책상을 배열해서 수업을 진행하는데, 학생들 스스로 소통하고 협업 활동을 통해 배움이 일어나는 것 같다. 학부모님들도 거꾸로 교실과 관련해 긍정적인 피드백을 준다. 수업이 취미가 되었고 항상 수업만 생각하게 되었다. 스스로의 자존감, 수업 전문가라는 생각이 들게 되었다.

A교사는 거꾸로 교실을 실천하고 나서 열정과 자존감이 커졌다고 한다. 교육의 질은 교사의 질을 넘어설 수 없다는 말이 있다. 교사가 열정을 갖고 수업을 한다면 교육의 질은 좋아질 수밖에 없다. 열정의 촛불이 꺼지고 있는 당신! 거꾸로 교실 실천을 통해 거꾸로 교실 덕후인 A교사처럼 열정의 촛불을 다시 살리는 것은 어떨까? 수업에 자신감이 생기면 하루가 행복할 것이다. 교사가 행복하면 학생들도 행복해지고 즐거운 학교, 오고 싶은 학교가 될 것이다.

Q 끝으로 하고 싶은 말씀은?

A 교사에게 가장 중요한 역할은 학생들과의 관계 맺기이다. 잘
가르치는 교사가 중요하다고 생각했는데 거꾸로 교실을 실천
하고 있는 지금은 관계 맺기가 가장 중요한 것 같다.

우리는 살아가면서 많은 '관계 맺기'를 한다. 실제로 새 학기가 시작
되면 새로운 아이들과 선생님들과 관계를 맺는다. 꽤 중요한 부분인데
너무 당연시했던 필자 자신이 부끄러워지는 순간이었다. 아이들과의
관계 맺기를 수직적인 관계, 상하 관계로만 여기는 시대는 지나갔다.
아이들과 동등한 눈높이에서 수평적이고 협력적인 관계로 '관계 맺기'
를 해야 한다. 또한 동료 교사와도 허용적이고 협력적인 관계 맺기를
해서 학교문화를 유연하게 만들어야 한다.

A교사에게 꽂은 빨대로 빼먹는 거꾸로 교실 꿀 팁

1. 거꾸로 교실은 동반자가 있어야 한다.

같은 학교 동료 선생님과 같이 시도하거나 거꾸로 교실 교사 커뮤니티를 적극 활용하는 것이 좋다. 거꾸로 교실 수업을 처음부터 완벽하게 설계하는 것은 쉽지 않다. 그렇기 때문에 수업을 디자인하면서 협력, 소통하는 것이 중요하다. 다시 한 번 강조하지만 거꾸로 교실 실천을 혼자 외롭게 하지 마라.

2. 디딤 영상은 대충(?) 만들어야 한다.

디딤 영상을 너무 잘 만들려고 노력하지 마라. 내용보다는 형식에 치중해서 디딤 영상을 만들려고 하니 어려움을 호소하는 분들이 많다. 정말 중요한 것은 내용이다. 스마트폰으로 그냥 촬영해도 된다. 기계치라고 소극적일 필요는 없다. 스마트폰을 가지고 녹화하고, 학급 SNS에 올릴 수 있는 기본적인 능력만 있으면 된다. 그것도 아니면 유튜브나 미래교실네트워크, EBS 클립뱅크, 디지털 교과서, 칸 아카데미 등 다양한 자료를 활용해서 디딤 영상을 대체할 수도 있다.

3. 학생들을 믿어라!

학생들과 학기 초 친밀감을 잘 형성하고 긍정적인 관계를 바탕으로 수업을 진행해라. 그렇게 하면 학생들을 믿게 되고, 학생들을 믿게 되면 거꾸로 교실 수업이 성공할 것이다. 학생들이 노는 것처럼 보여도 학생들에게는 배움이 일어나고 있다. 학습자 중심 활동에서 어느 정도의 소란스러움은 당연한 것이다. 물론 학기 초 학급 수업 규칙과 생활 규칙에 대한 약속은 있어야 한다.

1-2. B교사: 거꾸로 교실은 절대반지다

21세기 교육에서 거꾸로 교실이 갖는 가치가 크다고 말하는 B교사는 거꾸로 교실 연구 실적이 풍부하고, 초·중등 교사나 대학교수들을 대상으로 거꾸로 교실도 강의하는 현장 실천 전문가이면서 이론 전문가이다. 거꾸로 교실을 통해 권태기를 극복했다고 말하는 자신감 있는 어투에 신뢰감이 들었다. 거꾸로 교실을 접한 지가 5년이 되어가는 거꾸로 교실 원조 교사 중 원조라고 할 수 있다. 그가 말하는 거꾸로 교실은 마치 〈반지의 제왕〉에 나오는 '절대반지'를 연상시킨다.

거꾸로 교실 이론으로 무장한 그는 사용하는 용어가 너무 어려웠다. '나도 나름대로 대학원에서 관련 공부도 많이 하고, 연구학교 연구부장으로 경험도 많은데….' 이런 생각을 가지고 이해하기 위해서 더욱 집중했다. 아래 예처럼 논리적 근거와 적절한 예를 들어가면서 이야기하는 B교사의 말은 꽤 설득력이 있었다.

> "미래 기술과 융합된 21세기 교육의 모습은 비형식 학습을 포함한 체험학습, 협력학습, 지식의 생산, 맞춤 학습 차원에서 다양한 이슈들을 안고 있습니다. 이러한 다양한 이슈들의 해결을 위한 공통분모에는 테크놀로지가 자리 잡고 있으며…."
>
> _B교사의 인터뷰에서

'공통분모에는 테크놀로지가 자리 잡고 있다고?' 정신을 바짝 차리고 들어야 이해할 수 있었다. 그렇기 때문에 (독자의 원활한 이해를 돕기 위해) 악마의 편집(?)을 통해 인터뷰 내용을 쉽게 정리해야만 했다.

Q 거꾸로 교실을 실천할 때 가장 힘든 점은 무엇인가요?

A 환경적인 측면이다. 그리고 관리자의 인식 부족 특히 '디지털은 나쁘다'라고 생각하는 보수적인 교감, 교장선생님이 간혹 있다. 거꾸로 교실과 디지털 기기에 대해 긍정적인 시각으로 이해하려는 마인드가 필요하다. 거꾸로 교실을 원활히 실천하기 위한 학습 환경을 구축하려면 학교의 재정적인 지원이 무엇보다 필요하다. 스마트 기기와 무선 와이파이 환경이 있으면 더욱 효과적으로 거꾸로 교실을 실천할 수 있을 것이다. 그리고 학생들 중에서 인터넷이 안 되서 집에서 디딤 영상을 보지 못하는 경우에는 방과 후 교사의 컴퓨터나 학교 컴퓨터실을 이용하여 해결할 수도 있다.

현재 학교현장에서 거꾸로 교실은 스마트 교육을 기반으로 실시되고 있다. B교사의 말처럼 스마트 기기와 무선 와이파이 등의 학습 환경을 구축하려면 많은 비용이 들어간다. 이를 교사 개인이 해결할 수는 없다. 학교 차원에서 더 나아가 국가 차원에서 21세기 정보화 시대에 부합하는 학교 학습 환경을 조성해야 한다. 실제로 교육부에서는 스마트 교육을 활성화하기 위해 무선 와이파이 및 스마트 기기를 지원하는 사업을 하고 있다. 거꾸로 교실 실천과 별개로 현재 보급되고 있는 디지털 교과서, 교육용 스마트 어플 등 역시 이러한 학습 환경이 구축되지 않고서는 효과를 발휘할 수 없다. 무선 와이파이가 되지 않는 환경에서 스마트 패드는 조용히 컴퓨터실 창고에 보관될 확률이 90% 이상이다.

Q 거꾸로 교실에서 가장 중요한 교사의 역할은 무엇인가요?

A Flipped Learning Network[10]에 따르면 거꾸로 교실이 학교현장에서 원활하게 실천되려면 '유연한 학습 환경', '학습자 중심의 학습 활동', '의도되고 질 높은 콘텐츠', '조언자로서 전문적인 역할을 수행하는 교사' 등이 있어야 한다. 이것은 교사의 역할에 대해서 잘 표현하고 있다. 교사는 기술의 도구적 활용이 아닌 학습자의 역량을 높여주기 위한 교수·학습 설계를 해야 하며, 교사는 지식의 전달자가 아닌 학습자의 개인별 촉진자 역할을 할 수 있으며 퍼실리테이터로서의 역할을 해야 한다. 영국의 뉴캐슬대학교의 수가타 미트라Sugata Mitra 교수는 학생들이 자신에게 주어진 정보를 구조화하는 힘을 길

---

10. 'Flipped Learning Network'은 거꾸로 교실을 효과적으로 잘 실천하고자 하는 사람들을 위한 비영리 온라인 커뮤니티이다. 버그만(Bergmann), 샘스(Sams) 등 여러 거꾸로 교실 초기 선구자들이 2012년에 조직하였다.

러줄 수 있는 자기구조화 학습 환경[11]을 조성하는 것이 중요하다고 말했다. 교사가 해야 할 가장 중요한 역할은 학생들이 그 활동에 흥미와 열정을 갖게 하고 학습할 수 있는 환경을 조성하는 일이라고 생각한다.

B교사가 강조하는 거꾸로 교실에서의 교사 역할은 퍼실리테이터이다. 일방적인 지식 전달자가 아니라 학생들의 다양한 활동을 옆에서 조언해주고 안내하는 역할인 것이다. 수가타 미트라 교수가 말한 '자기구조화 환경(SOLE)'은 쉽게 말하면 이러한 교사의 역할을 설명하는 것이다. 학생들에게 교사가 적절한 환경(인터넷, 동료, 격려 및 지지)만 제공해준다면 학생 스스로 학습을 할 수 있다는 의미이다. 거꾸로 교실에서 교사는 이러한 자기구조화 환경을 최대한 제공해주어야 한다.

Q 거꾸로 교실을 이제 막 시도해보려는 실천 후배 교사들에게 해줄 한마디는?

A 좋은 수업의 특징은 정교하게 계획된 협력학습을 통해 학습자의 상호작용을 촉진하고 학습자의 참여와 몰입도를 촉진하는 것이다. 거꾸로 교실 수업의 핵심 이론은 동료 학습인데,

---

11. 자기구조화 학습 환경(SOLE)은 'Self Organized Learning Environment'의 약자로 학생들에게 물적, 인적, 관계적 인프라를 제공하면 학생들이 스스로 조직화하여 심도 깊은 학습을 할 수 있다는 개념이다.

동료 교수는 학생들 간에 자율적으로 배운 내용을 공유하고 토론하는 과정이 필요하다. 교사는 정교하게 계획된 전략으로 학습자의 상호작용을 촉진하고 학습자의 참여 동기를 유발해야 한다. 또한 교육용 SNS를 통해 교사와 학생, 학생과 학생 간의 소통을 촉진하여 학생들이 스스로 배움이 일어날 수 있는 환경도 만들 수 있어야 한다.

B교사가 후배 교사에게 말하고 싶은 요지는 '상호작용 촉진'이라고 정리할 수 있다. 거꾸로 교실에서는 학생들이 교실과 온라인에서 적절하게 협업하도록 하는 것이 무엇보다 중요하다. 원활하게 의사소통을 잘하도록 학생들을 훈련시키고 수업을 설계하는 것이 거꾸로 교실 초보 교사들에게는 어려운 일이다. 실패는 성공의 어머니라고 했던가? 여러 번 시행착오를 겪다 보면 학급에 적합한 전략을 찾을 수 있을 것이다. 누구나 처음부터 완벽할 수는 없지 않은가?

Q 실천했던 수업 중에서 가장 성공한 거꾸로 교실 수업은?

A '우리나라의 인구분포 및 문제점을 알고 해결 방법 찾기 수업'이 가장 기억에 남는다. 우리나라의 지도를 구글 그림도구에 올리고 학생들이 동시에 인구가 많은 3~4 지역을 찾아 점찍기 활동을 하였다. 미리 동영상을 만들어 클래스팅에 올려놓고 가정에서 학습을 하게 한 후 학교에서는 학습자들이 활

동 위주로 수업을 진행하는 수업이었는데, 학생들의 참여도와 만족도가 제일 높았다. 인구분포 및 지역의 위치, 생기는 문제점 등을 미리 동영상을 통해 익히고 와서 실제 교실 수업에서는 학생들이 찾아낸 여러 문제를 해결하기 위한 방법에 대해서 모둠별로 토의를 했다. 학생들 스스로가 적극적으로 참여하는 모습이 무척 인상적이었다.

학생들이 어려워하는 사회 교과의 여러 개념들을 사전 영상을 통해 미리 익히고 오는 것은 큰 도움이 된다. 거꾸로 교실로 진행하기에 적합한 주제를 선정하는 것도 교사의 몫이다. 모든 교과와 모든 주제를 거꾸로 교실로 진행하기에는 교사의 물리적인 여건이 허락되지 않는다. B교사 같은 경우에도 적합한 주제를 찾아서 거꾸로 교실을 적용하였다. 필자도 사회 교과에서 거꾸로 교실을 주로 적용하는 편이다.

Q 실천했던 수업 중에서 가장 실패한 거꾸로 교실 수업은?
A 단순한 기기의 활용, 즉 일회성의 흥미를 유발한 수업이 제일 실패한 사례라고 생각한다. 단순히 증강현실 어플을 활용해 학생들의 배움이 일어나지 못한 채 그저 흥미만 유발한 수업이 대표적인 실패 사례이다. 학생들이 어플을 통해 입체로 보이는 행성에만 관심을 갖고 정작 알아야 할 과학적 개념과 원

리에 대해서는 관심을 갖지 않았다. 흥미와 동기만 유발한 수업이었다.

스마트 기기와 거꾸로 교실의 결합은 어쩌면 시대적 교육 환경의 필연적 결과이다. 그러나 무조건적인 맹신은 경계해야 한다. 단순 흥미와 동기를 유발하기 위해서 사용법도 복잡한 어플이나 프로그램을 사용하려고 한다면 말리고 싶다. 필자 역시 학교현장에서 본말이 전도되는 수업을 너무 많이 봤다. 교사와 학생들의 능숙한 스마트 활용 능력 경진대회를 보는 것 같았다. 수업 후 학생들에게 남은 배움은 없었다. 그냥 화려한 퍼포먼스를 한 것이다. 보여주기식의 스마트 기기 활용은 지양해야 한다. 진짜 필요한 도구를 선정하고 적용하는 것도 교사의 능력이다.

Q 거꾸로 교실을 실천하면서 달라진 점은 무엇인가요?

A 구성주의 관점에서 살펴보면 교사는 지식의 전달자가 아닌 지식의 촉진자 역할을 해야 한다. 그리고 학생들에게 실질적인 과제를 제시하며 학습자 간의 상호작용을 촉진하고 사고를 유도하기 위해 적절한 안내와 질문 및 답변을 하는 역할을 해야 한다. 내 수업에게 가장 달라진 것은 더 이상 학생들을 가르치려고 하지 않는다는 것이다. 즉, 퍼실리테이터의 역할을 하게 된 것이다.

B교사는 더 이상 학생들과 일방통행으로 소통하지 않는다. 학생들 스스로 지식을 구성하고 지식을 창출할 수 있다고 믿는다. 거꾸로 교실의 교사 역할 중에서 가장 중요한 게 바로 이러한 믿음을 갖는 것이다. 안내자, 촉진자의 역할이 거꾸로 교실을 성공하게 하는 열쇠이다.

Q 끝으로 하고 싶은 말씀은?

A 기존 교육은 학생들 사이에서 배움이 스스로 조직화되지 못하고 일방적인 전달식 교육이 수업 방법의 대부분을 차지하고 있다. 최근에 한국교직원신문에 의하면 초중등 교사 250여 명에게 교수법에 대해 간단한 설문조사를 하였는데, 그 결과 약 80% 이상이 주로 사용하는 교수법이 강의법으로 나타났다. 학생들이 매체를 활용해 직접 수업에 참여하는 기회가 늘어나기는 했지만 여전히 배움은 교사의 수업 내용 전달에 집중되어 있는 현실이다. 많은 교사들이 거꾸로 교실 실천을 통해 학습자 중심 교수법에 도전해보면 좋겠다.

직접교수법인 강의는 산업혁명 시대부터 현재까지 가장 많이 활용하는 방법일 것이다. 이는 단순 지식의 전달에는 가장 효과적일지 몰라도 21세기 학습자들에게 필요한 창의력 같은 고차원적인 사고력을 신장시키기에는 적합하지 않다. 학습자 중심 교수법인 거꾸로 교실을 '절대반지'라고 믿고 한번 실천해보는 것은 어떨까?

B교사에게 꽂은 빨대로 빼먹는 거꾸로 교실 꿀 팁

1. 스마트 도구를 적재적소에 사용해야 한다.

스마트 도구는 온라인 속의 많은 정보를 제공해주고, 문제해결을 위한 협업과 공유를 가능하게 해준다. 하지만 모든 수업의 모든 과정을 스마트 도구를 활용하는 것은 적절하지 않다. 단순히 흥미 유발을 위해서 수업 중 많은 시간을 스마트 도구를 사용하는 경우가 종종 있다. 이는 알맹이가 없는 수업이다. 교사는 먼저 교육과정을 분석하고 수업의 도입 부분, 전개 부분, 정리 부분, 평가 부분에서 어떤 활동을 할 것인지를 설계하고 반드시 필요한 경우에만 적합한 도구를 활용해야 한다.

2. 동료 학습 방법을 훈련시켜라!

학생들이 교실에서 스스로 활동할 수 있는 동료 학습의 기술을 가르치는 것이 중요하다. 거꾸로 교실의 교실 수업인 학습자 중심 활동의 대부분은 동료 학습으로 이루어진다. 거꾸로 교실을 처음 접하는 학생들은 친구끼리 설명하고 토론하는 데 익숙하지 못하다. 학생들은 자신이 어떤 말을 해야 하는지, 어떻게 질문하고 답변해야 하는지 그 형식을 몰라 동료 학습이 잘 이루어지지 않을 수 있다. 그렇기 때문에 동료 학습 방법(토의 방법, 역할 나누기, 기본적인 규칙 및 매너 등)을 학기 초에 반복적으로 훈련시켜야 한다.

3. 절대반지인 거꾸로 교실을 남용하지는 마라!

모든 과목, 전 차시를 거꾸로 교실로 운영하는 것은 바람직하지 않다. 과목과 주제에 따라 사전 동영상을 통한 사전 학습이 효과적이지 않은 경우도 있다. 사전 학습을 통해 학습 내용을 이해하고 이를 바탕으로 개별 및 모둠 토의를 할 때 더욱 효과적인 주제가 있고, 교사의 주도하에 생각의 폭을 넓혀 탐구활동을 해야 하는 경우도 있다. 그렇기 때문에 교사는 거꾸로 교실을 모든 수업에 적용하려는 욕심을 버려야 한다. 너무 무리하면 탈이 날 수도 있다.

2. 아이들을 통해 배움을 느끼는 교사

2-1. C교사 : 거꾸로 교실은 트렌드다

C교사는 거꾸로 교실의 매력에 빠져 살고 있는 경력 15년 차 남교 사이다. 거꾸로 교실을 주제로 진행되는 연구학교 시범 수업을 대표로 할 정도로 거꾸로 교실 실천에서는 누구보다도 전문성을 지니고 있다. 특히 C교사는 교실 수업에서 학습자 중심 활동으로 동료 교수법 중 하나인 하브루타[12]를 적재적소에 잘 활용하는 하브루타 전문가이기도 하다.

다양한 수업 기술을 접해봤다는 그는 그중에서 거꾸로 교실을 가장 좋아한다고 말했다.

"학습자 중심 수업으로 알려진 슬로리딩 같은 다양한 독 서교육, 주제 중심의 STEAM 교육, 다양한 토의·토론 수업, 하브루타 그리고 최근 이슈가 되고 있는 스마트 교육과 소 프트웨어 교육 등은 거꾸로 교실에서 모두 적용될 수 있습 니다."

---

12. 서로 짝을 이뤄 질문하고 답하는 과정을 통해 학습이 이루어지는 유대인의 전통적 학습 방법이다. 학생과 학생, 학생과 교사 등이 서로 이야기하는 과정에서 자연스럽 게 학습하게 된다.

"거꾸로 교실에서는 다양한 수업 기술이 활용될 수 있습니다. 교실 수업에 새로운 트렌드가 되어야 합니다."

_C교사의 인터뷰에서

무엇보다 온라인을 통해 사전 동영상을 보고 교실 수업을 하게 됨으로써 교실에서 학습자들이 활동할 시간이 충분해졌기 때문에 다양한 학습자 중심 수업 기술과 전략을 교사가 시도해볼 수 있는 여유가 생겼다는 것이다.

'C교사가 말하는 부분이 거꾸로 교실의 가장 큰 매력 중 하나라고 나 역시 생각했는데!, 거꾸로 교실을 바라보는 다른 교사들의 시각도 이와 같을까?'

만약 그렇다면 거꾸로 교실은 정말 매력적인 수업 전략이다. 학습자들이 스스로 지식을 구성하고 무엇인가를 만들어낼 수 있는 시간을 여유롭게 준다는 것 하나만으로도 학교 수업의 혁신이라는 생각이 들었다.

Q 거꾸로 교실을 실천할 때 가장 힘든 점은 무엇인가요?

A 이 질문에 대한 답을 하기 위해서는 거꾸로 교실, 기존 수업 방식, 학생들의 방과 후 스케줄, 지역 여건, 학생 여건, 학부모 여건 등을 고려하여 설명해야 한다. 스마트 기기를 활용한 거꾸로 교실을 원활하게 실천하려면 패드와 통신망 등 시설 확

보가 필요하다. 그리고 도입 초기 스마트 기기와 어플 사용에 대한 교사의 두려움을 극복해야 한다. 정규 교육과정의 빠듯한 시간 운영 속에서 학생들에게 스마트 기기 사용법, 거꾸로 교실에 대한 공동의 약속, 사전 영상 시청 방법, 기기 세팅, 계정 설정 방법 등을 설명하기가 쉽지는 않았다.

무엇보다 사전 동영상 제작을 처음 할 때는 정말 시작하기가 어려웠다. 어떤 어플리케이션을 사용해서 어떤 방법으로 해야 할지 막막해 시작하기가 어려웠다. 사실 2~3번 직접 녹화를 해보면 그다음부터는 쉬운데 대부분의 선생님들이 부담스럽게 생각한다.

거꾸로 교실은 사전 영상을 학생들이 가정에서 예습의 개념으로 학습을 하고 교실에서는 본 수업으로 활동 위주로 진행해야 한다. 그러나 가정에서 사전 영상을 보고 오는 학생들이 많지 않다. 따라서 학교 아침 시간에 교실에서 영상을 보여주어야 하는 변형된 거꾸로 학습이 되기도 한다.

환경적인 구축은 앞의 B교사의 의견과 겹친다. 이는 앞에서 말했듯이 교사 개인이 혼자 부담하기에는 어려운 점이 있다. 학교나 지역, 나아가 국가 차원에서의 지원이 있어야 한다. C교사의 이야기 중 가장 인상 깊은 내용은 사전 영상에 대한 것이다. 반복되는 내용이지만 사전 영상을 제작하는 것에 부담을 갖지 말고 시도해보자. 실제로 거꾸로 교실을 실천해보면 학생들이 가정에서 사전 영상을 보지 않고 오는 경우가 많이 있다. 그럴 경우 아침 자습 시간이나 쉬는 시간에 영상을 보여주는 방법으로 그 문제를 해결하는 팁을 C교사는 말해주었다.

Q 거꾸로 교실에서 가장 중요한 교사의 역할은 무엇인가요?

A 먼저 교사는 사전 영상으로 학습 개념을 재미있고 의미 있게 전달하도록 노력해야 한다. 학생들이 짧은 영상 속에서 개념을 익히고 본 수업 시간에 활동할 내용도 함께 안내가 되어야 실제 교실 수업 시간에 호기심을 갖고 참여한다. 또한 교사에게는 본 수업 속에서 의미 있는 학습이 일어나도록 수업을 재구성하고 구조화하는 능력이 필요하다. 협동학습, PBL, 하브루타 등의 다양한 교수 활동 방법을 적용함으로써 교육 내용을 효과적으로 녹여내는 능력이 중요하다. 주로 하브루타를 적용하여 수업하는데, 학생들이 생각을 많이 표현하고 그에 대한 피드백을 통해 학생들의 깊이 있는 사고 활동이 일어나도록 하는 데 중점을 두고 있다. 교사의 질문으로 학생들의 깊이 있는 사고와 활동을 이끌어내는 역할도 중요하다고 생각한다.

C교사가 강조하는 거꾸로 교실에서의 교사 역할은 수업 전문가이

다. 물론 일반적인 교수 전략에서도 교사의 다양한 수업 기술은 중요한 부분이지만, 거꾸로 수업에서는 교사의 수업 기술이 더욱 큰 영향력을 가지게 된다. 사전 영상을 짧고 알차게 만들어야 하며, 수업 주제에 적합한 학습자 중심 활동을 선택하고 적용할 수 있어야 한다. 이러한 수업 기술은 쉽게 만들어지지 않는다. 거꾸로 교실을 실천하고자 하는 교사의 고민과 노력이 있어야 할 것이다. 너무 고민되고 어렵게 생각된다면 하브루타 방법을 적용해보는 것은 어떨까? 하브루타 방법을 주로 쓴다는 C교사가 효과를 보증한다고 웃으면서 약속했다. 거꾸로 교실 초보 교사라면 학생들이 서로서로 질문하고 답하는 하브루타 방법을 적극 추천한다.

Q 거꾸로 교실을 처음 시도하는 교사가 가장 먼저 해야 할 일들은 무엇인가요?

A 철학까지는 아니더라도 거꾸로 교실에 대한 교사의 생각이나 원칙을 가져야 할 것 같다. 사전 영상을 통해 갖게 된 학생들의 흥미를 유의미한 수업 진행으로 이어지게끔 하는 능력이 필요하다. 흥미 위주로 빠질 수 있는 상황에서 배움이 일어나도록 수업을 구조화하려는 노력을 해야 한다. 본 수업 시간에 학생들의 활동이 주가 되고 교사의 강의 수업은 줄이는 방향으로 수업을 구조화하려고 많은 시간을 투자해야 한다. 나 같은 경우에는 교사의 강의 수업을 줄이기 위해 하브루타, 협업,

학생 인강 제작[13]을 많이 사용한다. 또한 학생들의 생각과 아이디어, 집단지성을 위해 교육용 SNS인 위두랑, 클래스팅을 공유와 협업의 공간으로 많이 활용하고 있다. 그리고 다양한 스마트 도구(모비즌, 오캠, 익스플레인에브리씽 등)를 이용해 사전 영상 제작에 도전하고 있다.

C교사가 거꾸로 교실 초보 교사에게 말하고자 하는 것은 정의적인 부분과 기술적인 부분으로 나눌 수 있다. 거꾸로 교실을 시작할 때 교사 개인 나름의 원칙을 세우는 것이 중요하다. 교사 주도의 강의식 수업을 탈피하고자 하는 철학과 거꾸로 교실을 실천하고자 하는 주제 선택까지 교사가 세부적으로 정할 원칙이 많이 있다.

또한 C교사는 스마트 도구의 활용을 강조한다. 교육용 SNS를 활용해 협업하고 공유하도록 하고 다양한 영상 제작용 스마트 도구를 활용해서 사전 영상 제작에 도전하고 있다. 디지털 원주민이라고 불리는 학습자들을 상대하려면 디지털 이주민인 우리 기성 교사들도 최소한의 스마트 역량은 갖춰야 하지 않을까?

ICT 기술은 빠르게 변화하고 있다. 도전하는 당신이 아름답다.

---

13. 학생들이 만든 인터넷 강의 동영상이다. 공부한 주제와 관련해서 다른 친구들에게 각자가 교수자가 되어 개념을 설명하는 동영상을 제작하여 공유하는 것을 말한다.

Q 실천했던 수업 중에서 가장 성공한 거꾸로 교실 수업은?

A 사회 과목의 '우리 고장 양촌읍 살리기 프로젝트' 수업이다. 교육과정의 지역 문제에 대한 내용을 재구성하여 우리 지역 양촌읍의 문제를 조사하고 이에 대한 해결 계획을 세우는 수업을 진행하였다. 다양한 스마트 도구를 사용했음에도 수업이 목표에 맞게 잘 진행되었다. 이어 실제로 양촌읍의 심각한 지역 문제인 쓰레기 문제를 해결하기 위해 실제로 홍보 전단지를 만들어 거리로 들고 다니면서 지역 주민에게 홍보하고, 쓰레기 줍기 봉사활동을 하면서 배운 지식을 실천하였다.

　이 외에도 영상 만들어 알리기, 포스터 만들기, 민원 넣기, 과학 식물의 단원과 연계해 쓰레기가 많은 지역에 꽃 심기 등을 진행하였다. 배운 내용을 직접 스마트 도구들을 활용해 실천하는 모습 속에서 학생들의 생동감을 느낄 수 있었다.

　C교사의 거꾸로 교실 수업이 성공한 이유는 학생들의 실제 생활과 연계한 수업의 재구조화이다. 무엇보다 학습자 중심의 다양한 활동(영상 만들기, 포스터 만들기, 지역 홍보 캠페인 등)을 통해 강의식, 암기식 수업을 벗어난 것이 큰 성공 이유이다. 거꾸로 교실을 잘 실천하기 위해서는 이러한 교사의 수업 재구조화 능력이 무엇보다 중요하다. 이러한 능력은 교사 자신의 고민과 동료 교사와의 협업을 통해 더욱 잘 발현될 수 있다.

Q 거꾸로 교실에 대한 전반적인 생각을 말씀해주세요.

A 우선 학생들을 살펴보면, 학습할 내용이나 학습한 내용을 학생들이 직접 인강으로 제작하여 설명하는 부분을 가장 좋아했다. 다양한 스마트 도구 사용에 거부감이 없고 오히려 자신들에게 더 잘 맞는 스마트 도구들을 찾아서 활용하는 모습이 너무 좋았다. 교사 입장에서 생각해보면, 우선 나는 다양한 새로운 시도를 했다. 사전 동영상 제작, 학생 인강 제작, 디지털 교과서 활용, 하브루타 학습 방법 접목 등 학생들에게 새로운 교육을 접하게 해서 좋았고, 개인적으로 재미있는 거꾸로 교실 수업에 대해 고민을 많이 한 것 같다. 거꾸로 교실이 최고는 아니지만 교사의 노력에 의해 최선의 수업 방식이 될 수 있겠구나 하는 생각을 해보았다.

　가장 아쉬운 점은 교사들 간의 자발적인 모임이나 협업이 없었다는 것이다. 동료 교사들과 서로 협업을 했었다면 훨씬 큰 시너지 효과가 있었을 텐데 하는 아쉬움이 남는다.

　C교사의 의견 중에 가장 눈여겨볼 내용은 동료 교사들과의 협업을 강조한 것이다. 실제로 거꾸로 교실을 혼자 실천해서 성공한 경우는 거의 보지 못했다. 그만큼 혼자 꾸준히 실천하기에는 어려움이 많다. 초등학교 같은 경우에는 동학년 교사, 중·고등학교 같은 경우에는 같은 과목 교사끼리 서로 협력해 거꾸로 교실을 실천하면 어떨까? 아

니면 학교에 있는 교사연구회(경기도교육청의 학교 안 전문적 학습공동체) 등을 거꾸로 교실을 주제로 운영해보는 것은 어떨까? 혼자가 아닌 우리의 힘은 거꾸로 교실에서 더욱 크게 나타난다.

Q 거꾸로 교실을 실천하면서 달라진 점은 무엇인가요?

A 수업 준비에 많은 시간을 할애한다. 사전 영상을 제작하기 위해 기본 강의 자료를 구조화하면서 수업에 대한 핵심 내용을 바탕으로 본 수업의 활동 아이디어를 많이 생각하게 되었다. 또한 수업에 적용할 만한 스마트 도구나 어플을 자주 검색해보게 되었고, 미래 교육에 대해 생각해보면서 정말 학생들에게 필요한 능력이 무엇인지 고민하게 되었다. 정답은 없지만 최선의 해답은 있을 거라는 생각을 하면서 수업의 적재적소에 맞는 스마트 도구와 어플을 활용했다. 또한 스마트 교육에 대한 생각이 정립되었다. 1년에 100만 개 이상 나오는 수많은 어플의 홍수 속에서 수업에 필요한 어플을 사용할 때, 주객이 전도되게 해서는 안 되겠다는 마음을 갖게 되었다. 물론 새로운 것이 있으면 수업 시간에 어떻게 활용할까 고민도 많이 한다.

거꾸로 교실 또한 성공적으로 학교현장에 정착되고 실천되기 위해서는 무엇보다 교사의 능력이 가장 중요하다. C교사가 하고 있다는 수업에 대한 고민과 유용한 스마트 도구의 선별과 활용은 현재를 같이 살아가고 있는 우리 교육자들이 당연히 해야 하는 몫이라고 생각한다.

거꾸로 교실 수업을 처음 참관해보면, 교사가 강의를 하지 않기 때문에 아무런 준비를 하지 않았다고 생각할 수도 있다. 하지만 거꾸로 교실 수업을 하기 위해서 교사가 보이지 않게 고민하고 노력한 부분은 엄청 크다. 수업 재구조화, 사전 영상 제작, 학습자 활동 준비 등 모든 것이 종합적으로 잘 이루어져야 거꾸로 교실 수업이 성공할 수 있다.

Q 끝으로 하고 싶은 말씀은?

A 안내자와 촉진자의 역할이 중요하다고 생각한다. 서로 배우고 연구할 수 있는 교사 관계를 기반으로 사전 영상 제작, 기기 활용, 어플 사용, 교육과정 재구성으로 수업 실천 동기부여가 일어나면 그다음은 술술 흘러갈 수 있을 것 같다.

사전 영상 제작과 스마트 교육, 다양한 학습자 활동에 대한 두려움이 있더라도 멀리 보지 말고 일단 시작해보려는 시도가 중요하다.

'서로 배우고 연구할 수 있는 교사 관계?' 허용적이고 협력적인 교직 문화라고 볼 수 있다. 거꾸로 교실에서 교사들은 서로 경쟁적인 관계가 아니라 서로 협력하는 관계가 되어야 한다. 앞으로의 학교교육에서는 학생들뿐 아니라 교사들 또한 경쟁하지 않고 서로 격려하고 도와주는 교직 문화가 정착되어야 한다. 이런 교직 문화 속에서 거꾸로 교실은 더욱 힘을 발휘할 수 있을 것이다.

C교사에게 꽂은 빨대로 빼먹는 거꾸로 교실 꿀 팁

1. 수업 기술은 꾸준히 공부해야 한다.

C교사가 좋아하는 수업 기술은 하브루타 전략이다. 무엇보다 질문하고 답하는 활동을 잘 활용한다. 거꾸로 교실에서 이루어지는 교실 수업은 학생 주도의 다양한 활동이 대부분이다. 교사는 교실 수업을 잘 실천하기 위해서 적합한 수업 기술을 연구하고 공부해야 한다. 예를 들면 C교사가 추천하는 하브루타나 많은 교사들이 학습자 중심 수업에서 활용하는 토의·토론 수업의 다양한 전략 등을 평소에 익혀두면 거꾸로 교실 수업을 성공적으로 실천할 수 있을 것이다.

2. 거꾸로 교실을 인정하자!(학습자 중심 수업이 대세다.)

지금까지 꾸준히 사랑받고 있는 교사 주도의 강의 수업은 마음에서 잠시 잊고, 학습자 중심 수업을 하려고 노력하자. 교육철학을 한번 점검해보고 없으면 세우도록 하자. 산업화 시대의 중심 교육 방법이 교사 주도의 강의식이라면 지금 창의·융합형 시대의 교육 방법의 중심은 학습자 중심 수업이다. 학습자 중심 수업을 이해하고 이를 교육에 적용하려는 의지를 가져야 한다. 모든 수업을 학습자 중심 수업으로 진행할 수는 없지만 그러한 철학을 갖고 노력하는 것이 무엇보다 중요하다.

3. 학생들의 실제 생활과 관련된 거꾸로 교실 수업이 성공한다.

거꾸로 교실에서는 무엇보다 적절한 수업의 구조화가 중요하다. 수업 주제의 선정부터 사전 영상 제작, 교실 수업 활동 등 일련의 과정이 수업의 구조화라고 할 수 있다. 학생들과 실제 생활과 관련된 내용을 선정하여 수업을 구조화하면 무엇보다 학생들의 배움의 동기가 커질 것이다. 이는 결국 수업의 성공과도 직접적으로 연결되어 있다. 주제 선정부터 학생들의 다양한 활동을 설계할 때 학생들의 실제 생활과 관련시켜보자.

2-2. D교사 : 거꾸로 교실은 처방전이다

D교사는 평범한 21년 차 여교사이다. 교실에서 환하게 웃으면서 수업하는 D교사는 거꾸로 교실을 시작하면서 아이들을 더욱 사랑하게 되었다고 이야기한다.

학생들과 상담하면서 고민을 들어주고 같이 슬퍼하면서 눈물도 잘흘린다는 그녀는 첫인상이 아주 편안하였다. 특이한 점은 D교사에 대한 주변 교사들의 평판이 너무나 좋다는 것이다. 수업뿐만 아니라 생활지도도 모범적이라는 평이었다.

> "거꾸로 교실을 통해 아이들이 진짜 배움을 경험하고 있어요. 그것을 제가 느낄 수 있어서 너무 행복합니다. 20년 이상 교직에 있으면서 이렇게 행복한 적은 처음이에요. 이제는 수업뿐만 아니라 생활지도도 자신이 생겼어요. 아이들 한 명한 명을 다 이해하려고 노력하고 있어요!"
>
> _D교사의 인터뷰에서

'거꾸로 교실을 접하면서 학생 생활지도까지 잘하게 되었다고?'

'수업을 잘 가르치는 교사와 생활지도를 잘하는 교사의 상관관계가 있을까?'

최근 몇 년 동안 사회문제로까지 되어버린 학교폭력, 학생 자살, 아동 학대 등 학생 생활지도는 교사들에게 큰 고민거리이다. 수업을 잘한다고 생활지도를 잘하는 것은 아니다. 수업명인이라는 교사 몇 명을 알고 있지만 생활지도 때문에 고민하는 모습을 자주 보았다. 그런데 D교사는 이 두 가지를 아주 잘 병행하고 있었다.

'거꾸로 교실로 인해서 학생들의 생활지도까지 잘하게 되었을까?' 이러한 의문점을 가지고 D교사의 한 마디 한 마디를 집중하여 들었다. 과연 무엇 때문에 'D교사가 변할 수 있었는지, 학생들을 더욱 사랑하게 되었는지, 학교폭력이나 왕따 같은 문제가 교실에서 사라졌는지' 알고 싶었다.

너무 집중한 나머지 인터뷰 내내 시간이 어떻게 지나갔는지 기억이 잘 나지 않는다.

Q 거꾸로 교실을 실천할 때 가장 힘든 점은 무엇인가요?

A 거꾸로 교실을 적용하기 전에 저의 교실 수업 목표는 정해진 시간 안에 교육과정상 내용을 도입부터 전개, 정리까지 교사 주도하에 얼마나 효과적으로 전달하느냐였습니다. 이러한 관점으로 거의 20년 이상을 가르쳤기 때문에 거꾸로 교실을 시도할 때 이 부분을 고려하지 않는 것이 어려웠습니다. 항상 제가 주도해서 수업을 해야 하는 것으로 알고 실천했는데, 이 것을 변화시키기가 어색하고 힘들었습니다.

하지만 지금은 전혀 그렇지 않아요. 처음 한 달 정도 그랬던 것 같아요. 그리고 거꾸로 교실에서 사전에 보여줄 효과적인 사전 영상 제작도 어려웠습니다. 처음 제작할 때에는 5분에서 6분 정도의 짧은 영상 안에 흥미롭게 요점을 이해하도록 하는 게 고민이었습니다. 처음에는 교사의 목소리만 들어도 신기해하지만 같은 패턴이 반복되면 지루해하고 재미없다고 표현하는 친구들도 있어서 상처도 받았던 것 같아요. 지금 생각해보면 진짜 아무것도 아닌데….

D교사는 약 20년간 교사 주도의 강의식 수업을 해왔기 때문에 교사가 이끄는 수업 방식을 탈피하기가 어려웠다고 말한다. 누구나 몸에 익숙한 방법을 사용하지 않고 새로운 교수법을 적용하는 것은 쉽지 않을 것이다. 거꾸로 교실을 처음 시도할 때에는 많은 사람들이 이러한 경험을 하게 된다. 필자 또한 D교사처럼 거꾸로 교실을 적용할 때 수업을 주도하지 않는 모습이 너무 어색하고 낯설었다. 그렇지만 곧 수업 시간에 훨씬 더 여유로운 자신을 발견하게 될 것이다.

Q 거꾸로 교실에서 가장 중요한 교사의 역할은 무엇인가요?

A 학습자의 수준과 성향, 스마트 환경 등을 파악하는 것이 가장 중요하죠. 제가 있는 학교처럼 스마트 환경이 열악한 가정의 아이들이 많은 경우 상처받지 않고 거꾸로 교실 수업에 동참할 수 있도록 보완책을 마련하는 것이 교사가 가장 먼저 해

야 할 역할이 아닐까 싶어요. 이를 위해 학기 초에 학생들과의 개별 상담을 실시합니다. 이렇게 1:1 상담을 자주 실시하고 학급의 모든 학생들을 잘 이해하게 되어 거꾸로 교실 수업 운영뿐만 아니라 학생들의 생활지도도 전보다 잘할 수 있었던 것 같아요. 하나 더 말씀드리면, 지금의 우리 교사들은 여전히 아이들의 역량을 믿지 못하고 하나하나 개입하려고 하는 부분이 많이 있습니다. 일단 지켜보고 적재적소에 교사 의견을 제시하는 방향으로 꾸준히 노력할 필요가 있다고 봅니다. 교실 활동에서 교사가 너무 많은 조건과 방향을 제시하여 학생들이 자율적으로 선택할 수 있는 범위가 좁아져서, 아이들이 활동에 흥미를 느끼지 못하고 재미없는 수업이 되는 경우를 많이 봤어요.

D교사가 강조하는 교사의 역할은 크게 두 가지로 말할 수 있다. 첫 번째가 학습자들의 준비 정도를 파악하는 것이다. 보통의 전통적인 수업에서도 학습자들의 수준과 성향을 파악하는 것은 무척 중요하다. 거꾸로 교실도 마찬가지다. 여기에 한 가지를 추가하자면 학생들의 스마트 환경을 조사해야 한다는 것이다. 거꾸로 교실을 원활히 운영하려면 학생들이 가정에서 사전 영상을 보고 와야 한다. 그런데 가정의 경제적·사회적 이유로 사전 영상을 보고 오지 못하는 경우가 있을 수 있다. 개인 상담을 통해 이런 상황을 파악하고 보완책을 마련해야 할

것이다. 두 번째는 반복되는 내용이지만 교사의 개입을 줄이라는 것이다. 교사의 내려놓음이 거꾸로 교실에서는 너무나 중요하다. 아이들의 역량을 믿고 기다릴 줄 알아야 한다. 다시 한 번 강조하지만 거꾸로 교실의 교실 수업에서 교사는 촉진자, 안내자와 같은 역할을 해야 한다. 거꾸로 교실 수업 설계에서부터 이러한 관점을 가지고 있어야 한다.

Q 거꾸로 교실을 처음 시도하는 교사에게 필요한 능력은 무엇일까요?

A 거꾸로 교실 수업을 진행할 때에는 교과 안에만 국한하지 말고 여러 교과를 통합적으로 볼 수 있는 거시적인 안목이 필요합니다. 수업 주제를 중심으로 여러 교과를 접목하는 능력이 있으면 좋을 것 같습니다.

　무엇보다도 중요한 것이 적절한 도구 선택 및 유능한 촉진자 역할입니다. 본격적인 문제해결 단계에서는 문제 유형에 따라 개별 활동을 할 때도 있고 모둠이 협력해 협동학습으로 진행할 때도 있습니다. 어떤 방법이든 해결 방법을 모색하고 계획을 세워 결과를 도출해내는 과정을 학생이 주체가 되어 진행하는데, 그 과정에서 교사는 진행 상황을 점검하고 학습 목표를 해결하는 방향으로 가고 있는지 점검하고 안내해야 합니다. 또 필요한 학습 도구를 제공하거나 오류를 해결해주거나 조언해주는 조력자가 되어야 합니다. 또한 무엇보다 소외되거나 방치되는 학생이 없도록 면밀히 관찰하고 특성과 수준에 맞는 역할을 부여하고 수시로 진행 정도를 확인해야 합니다.

D교사가 말한 것 중 인상적인 내용은 학생 한 명 한 명에 대한 배려이다. 학생이 주체가 되는 교실 수업과 학생 개인의 수준에 맞는 역할을 부여하고 수시로 피드백을 주는 것을 강조했다. 아마 이러한 모습 때문에 D교사의 학생 생활지도가 잘 이루어지는 것은 아닐까?

거꾸로 교실에서의 수업 시간에는 교사의 시간이 여유롭다. 실제로 거꾸로 교실 공개수업을 처음 본 어느 교장 선생님은 이렇게 말하였다.

"아니 교사가 아무것도 안 하고 있는 거 아닌가요?"

"떠들고 있는 친구들을 조금 조용히 시켜야 하는 거 아닌가요?"

충분히 이해할 수 있는 상황이다. 교사가 수업을 주도하지 않다 보니 교사는 아무것도 안 하고 있는 것처럼 보일 수 있고, 아이들이 모둠이나 짝 활동을 주로 하기 때문에 소란스럽게 보일 수 있다. 하지만 이 모습은 거꾸로 교실이 잘 실천되고 있는 모범적인 그림이다. 무엇보다 거꾸로 교실에서 교사는 몸과 마음에 여유가 있어야 한다. 그래야 학생 한 명 한 명을 신경 써주고 피드백을 줄 수 있으며, 나아가 조력자나 안내자 역할을 할 수 있다. 필자는 심지어 아이들이 소란스럽지 않으면 배움이 일어나지 않고 있다고 생각한다. 거꾸로 교실을 잘 실천하기 위해서는 기다릴 줄 알고 약간의 소란스러움은 인내할 수 있어야 한다.

'상상해보라! 여유롭게 뒷짐 지고 아이들 한 명 한 명과 소통하며 수업하는 여러분의 모습을…' 거꾸로 교실이 이러한 상상을 실현시켜 줄 것이다.

Q 실천했던 수업 중에서 가장 성공한 거꾸로 교실 수업은?

A 지역 대표를 뽑는 선거 수업에서 아이들은 사전 학습이 이루어진 상황에서 모의 선거 과정을 실행해보는 활동을 본 차시에서 진행했어요. 모둠이 당이 되고 당의 후보를 뽑아 공약을 만들고 선거 홍보 동영상을 제작하는 등 아이들은 2시간 내내 한 사람도 빠짐없이 열띤 모의 선거를 진행했습니다. 사전 학습을 통해 선거 과정, 선거의 기준, 선거 원칙 등에 대한 이해가 선행되었기에 2시간을 온전히 모의 선거 체험에 쓸 수 있었고, 아이들이 제작한 선거 홍보 영상, 벽보, 공약 자료 등은 유튜브, 위두랑, 클래스팅 등에 공유하여 실제 선거와 유사하게 체험할 수 있었습니다.

　사전 학습을 미리 수행하지 못한 친구들은 아침 활동으로 사전 학습을 하게 하는 등 빠짐없이 꼼꼼히 챙기고, 본 차시 모의 선거의 예시 자료를 적절하게 제시해 아이들이 부담 없이 쉽게 접근할 수 있도록 하는 등 학생들의 능력을 믿고 조력자가 되어준 점이 성공 요인이라고 생각합니다.

D교사의 거꾸로 교실은 학생들에 대한 관심과 배려로 시작한다. 교사로서 아이들의 능력을 믿고 시간을 갖고 기다려주는 것, 개개인의 능력과 속도의 차이를 인정하고 일관성 있게 아이들을 대하려고 노력한 점이 성공 요인이다. 거꾸로 교실을 잘 실천하려면 이러한 교사의 정의적인 특성도 중요하다. D교사가 교실 수업뿐만 아니라 학생들의 생활지도도 잘할 수 있었던 이유를 여기서 찾을 수 있었다.

Q 거꾸로 교실에 대한 전반적인 생각을 말씀해주세요.

A 거꾸로 교실을 실천하면서 '아이들의 가능성은 무한하다'는 말을 실감하는 순간이 여러 번 있었습니다. 교사가 던진 작은 불씨 하나를 저마다의 방법으로 살려내어 장작불을 만들고 그 위에 음식까지 조리해서 먹는 모습을 볼 때 교사로서 보람을 말할 수 있겠지요. 거꾸로 교실을 통해 학생들이 스스로 진짜 배움을 하고 있다는 것을 느꼈을 때 너무 행복했습니다.

한 시간 내내 교사만 쳐다보면서 꼼짝 못하도록 아이들을 앉혀놓고 하나하나 개념을 설명해야만 내가 할 일을 다 한 것 같은 마음이 들었던 시간들이, 이제 와 생각해보면 아이들에게 정말 미안합니다. 살아 있는 수업은 아이들이 주체가 되어

몸과 마음이 움직이고 그 속에서 배움이 일어나는 수업일 텐데, 거꾸로 교실을 통해 꿈꾸던 수업에 접근할 수 있는 가능성을 약간은 본 것 같습니다.

사전 영상 제작도 아직 서툴고 학습 방법에 대한 연구도 아직 미진한 단계지만 아이들이 수업에 즐겁게 참여하는 모습을 보면서 힘을 얻습니다.

D교사는 거꾸로 교실을 통해서 교육철학까지 변화하게 되었다. 학생들이 스스로 배움을 찾을 수 있도록 안내자 역할을 하게 된 것이다. 이제 그녀는 더 이상 교실에서 아이들에게 강의를 하려고 하지 않는다. 이러한 교육철학은 실제로 거꾸로 교실을 시도해보지 않으면 변화되기 어렵다. 거꾸로 교실은 우리 교사들에게 교육 전문의가 내린 처방전이라고 생각한다. 처방전으로 약을 타서 잘 복용하는 것은 환자들의 의지에 달려 있다. 거꾸로 교실을 통해 D교사처럼 수업뿐만 아니라 생활지도까지 원활하게 잘해나갈 수 있을 것이다. 선택은 여러분의 몫이다.

Q 거꾸로 교실을 실천하면서 달라진 점은 무엇인가요?
A 일단 수업의 주체가 교사가 되어야 한다는 부담에서 많이 벗어났어요. 사전 영상이나 수업 자료 등 준비할 것이 많아지긴 했지만 아이들이 수업 시간 내내 반짝이는 눈빛으로 나름대

로 최선의 결과물을 만들어내려고 노력하는 모습을 볼 때 너무 기특하고 가슴이 벅찹니다. 일방적으로 아이들에게 지식을 전달하는 설명식 수업은 꼭 필요한 경우로 최소화하고 하브루타나 프로젝트 수업 방식 등 학습자 중심의 다양한 수업 방법을 도입해 대화와 토론, 활동 위주의 수업에 재미를 느끼며 연구하고 있습니다.

누가 강요해서 하는 것은 오래가지 못한다는 것을 우리는 잘 알고 있다. 재미와 보람을 느껴서 스스로 실천하는 것은 꾸준하게 할 수 있다. 필자는 주변에서 선배들의 권유로 혹은 호기심에 거꾸로 교실을 한두 번 시도해보고 포기한 사람들을 볼 수 있었다. 하루 이틀 거꾸로 교실을 실천해서 재미와 보람을 느끼기는 어렵다.

거꾸로 교실을 일회성이 아니라 최소 한 학기 정도 꾸준히 실천하다 보면, 힘들지만 D교사가 느낀 재미와 행복에 공감할 기회를 가질 수 있다. 거꾸로 교실을 통해서 바뀌는 아이들을 보며 우리는 재미와 보람을 느끼고 나아가 교실이 변화되는 모습을 발견할 수 있을 것이다.

Q 끝으로 하고 싶은 말씀은?

A 거꾸로 교실을 위해서는 사전 학습이 효과적으로 이루어지는 것이 중요한데, 사전 영상 제작은 이런 의미에서 가장 큰 부담

이 됩니다. 처음에는 말 한 마디 틀릴 때마다 다시 찍느라 몇 시간을 허비하기도 했지요. 그런데 그렇게 부담을 가지다 보면 정작 본 차시 수업 준비에 소홀해져요. 저는 영상 제작이 힘들 때는 유튜브에서 잘 만들어진 영상을 찾아 링크시켜주 거나 같은 학년 선생님들과 차시를 나누어 영상을 제작한 후 공유하기도 했습니다. 처음부터 혼자 완벽하게 해결하려고 하면 금방 지치니까요.

아울러 거꾸로 교실 수업은 아이들의 활동 위주로 진행되다 보니 학습 목표와 동떨어지게 진행되는 경우도 있습니다. 교사는 정리 및 평가 단계에서 아이들의 활동 결과물과 목표를 연결시키고 명료화시키는 과정이 꼭 필요합니다.

앞으로 더 많은 연구 자료와 검증된 거꾸로 교실 학습 전략들이 개발되어 누구나 쉽게 거꾸로 교실을 실천할 수 있는 매뉴얼이 개발되기를 간절하게 바랍니다.

사전 영상을 반드시 교사 스스로가 제작해야 한다는 부담감을 떨쳐내고, 같은 학년 교사들과 협업하는 모습이 인상적이다. 거꾸로 교실 실천 초기에 거의 대부분의 교사들이 겪는 부담감이 사전 영상 제작에 대한 것이다. A교사와의 인터뷰 내용에서도 언급했지만, 반드시 교사가 제작해야 한다는 생각은 버려라. 다른 교사가 제작한 동영상을 공유하거나 디지털 교과서와 기존 유튜브 자료를 활용할 수도 있다. 자꾸 강조하지만 거꾸로 교실에서 중요한 것은 사전 영상이 아니라 교실 오프라인에서의 학습자 중심 활동과 사전 영상 내용과의 적절한 연계이다.

D교사에게 꽂은 빨대로 빼먹는 거꾸로 교실 꿀 팁

1. 학생들의 거꾸로 교실 준비도를 파악해라(학생들의 생활지도는 덤이다).

   거꾸로 교실을 적용할 때 무엇보다 학생들의 수업 준비도를 파악해야 한다. 학생 한 명 한 명 개인 상담을 통해 가정의 인터넷 환경을 조사하고 사전 영상을 시청할 수 있는지 조사하라. 이를 통해 학생들의 생활지도도 할 수 있다. 학생들의 가정 형편이나 고민 등도 자연스럽게 알 수 있고 공감할 수 있는 기회를 가질 수 있다. 가정에서 사전 영상을 시청하지 못하는 경우를 대비해야 한다. D교사처럼 아침 자습 시간을 이용해서 사전 영상을 보여줄 수도 있고, 쉬는 시간이나 점심 시간을 이용해서 보여 줄 수도 있다. 혹은 학생들이 스마트폰으로 보는 시간을 잠시 허용하는 것도 하나의 방법이 될 수 있다.

2. 단 한 사람의 학생도 포기하지 말자!

거꾸로 교실의 장점은 교사가 교실 수업 시간에 여유 있게 학생 개인에게 피드백을 줄 수 있다는 것이다. 기존의 전통적인 수업에서는 교사가 강의를 하느라 바쁘기 때문에 부진 학생을 개인적으로 지도하기는 현실적으로 어려웠다. 하지만 거꾸로 교실 수업에서는 물리적으로 가능한 시간을 확보할 수 있다. 거꾸로 교실을 잘 실천하기 위해서는 교사가 학생들 각자의 수준을 사전에 파악하고 그에 알맞은 피드백을 적재적소에 줄 수 있어야 한다. 학생 각자에게 맞춤형 피드백을 하도록 노력해야 한다.

3. 학생들의 진짜 배움을 몸으로 느껴라.

거꾸로 교실을 처음 실천하는 교사들은 힘들다는 말을 많이 한다. 이는 학생들이 스스로 만드는 배움을 몸으로 느끼지 못해서 그렇다. D교사처럼 '아이들의 가능성은 무한하다'는 말을 믿고 꾸준히 거꾸로 교실을 실천하다 보면 학생들이 스스로 진짜 배움을 만들고 있다는 것을 느낄 수 있을 것이다. 그러면 자연스럽게 거꾸로 교실을 실천하고사 하는 여러분의 동기와 의지가 커질 것이다. 이러한 내재적 동기의 상승은 거꾸로 교실을 성공적으로 실천하게 하는 중요한 조건 중 하나이다.

3. 거꾸로 교실 매력에 빠진 신규 교사[14]

3-1. E교사 : 거꾸로 교실은 활력소다

교육 경력 4년 차인 E교사는 교육에 대한 열정이 불타고 있는 젊은 남교사이다. 이것저것 새로운 것들을 시도해보고 성공과 실패를 맛보고 있는 도전 정신이 많은 교사이다. E교사는 최신 스마트 기기에도 관심이 많은 편이며 새로운 스마트 기기를 활용해 교육에 적용하려는 시도도 주저 없이 한다. 또한 그는 스마트 교육 교사 연구회에서도 열심히 활동하며 배우려고 노력하고 있다.

E교사 또래의 젊은 교사들은 E교사처럼 스마트 기기에 관심이 많은 편이다. 새로 발령받은 신규 교사들은 대부분 SNS를 사용하고, 다양한 어플 활용에 적극적이다. 또한 스마트 기기에 대한 거부감이 적은 편이며 새로운 스마트 기기를 교육에 활용하려는 시도에 머뭇거림이 없다. 스마트 기기에 대한 거부감이 적어서 신규 교사들이 거꾸로 교실을 실천하기에는 더욱 유리한 면이 있다.

"저는 대학교 때부터 스마트 패드를 활용해서 공부를 했어요. 인터넷 강의를 들으면서 임용고시 공부도 했지요. 아마

---

14. 신규 교사란 교육 저경력자로 내공이 매우 얇지만, 학생들과 교육에 대한 열정은 불타고 있는 교사, 우리는 그들을 거꾸로 교실 '훈련병'이라 칭한다.

제 또래 교사들은 스마트 기기와 인터넷 강의에 친숙할 거예요. 저 같은 경우에는 거꾸로 교실에서 활용하는 사전 영상이 낯설지 않고 편안하게 느껴졌어요"

E교사의 인터뷰에서

최근 발령을 받는 신규 교사들은 무크Massive Open Online Course와 칸 아카데미Khan Academy 같은 인터넷 강의를 직간접적으로 접해본 세대이다.

'경력 교사들보다 거꾸로 교실의 매력을 잘 느낄 수 있지 않을까?' 이런 생각을 가지고 E교사와의 인터뷰에 집중하였다.

Q 거꾸로 교실을 실천할 때 가장 힘든 점은 무엇인가요?

A 학교에 거꾸로 교실을 위한 인프라가 잘 갖추어지지 않아 힘들었습니다. 저희 학교는 그래도 농산어촌 ICT 사업 지원을 받았기 때문에 디바이스를 비롯한 무선 환경이 갖추어져 있다고는 하지만, 원활한 거꾸로 교실 운영을 위해서는 부족한 상황입니다. 다양한 학습 자료 및 하드웨어가 뒷받침된다면 더욱 큰 도움이 될 것 같습니다.

또 한 가지 어려움은 거꾸로 교실을 실천하려면 사전 수업 동영상, 즉 디딤 영상을 제작해야 한다는 것입니다. 초등 수업은 중등 수업처럼 한 교사가 여러 반을 돌아다니면서 같은 차시 수업을 하는 것이 아니라 담임교사가 전 과목을 지도하며, 한 차시를 한 번만 가르치다 보니 한 차시 수업을 준비하기 위해 디딤 영상을 제작하고 공유하고, 본 수업 활동을 구상하고 준비하는 과정에 너무 많은 시간과 노력이 필요해서 힘들었습니다. 그래서 거꾸로 교실 초기에는 다양한 과목과 다양한 시간에 적용하지 못하고 하루 1차시 정도만 실시했습니다. 물론 지금은 동 학년 선생님들과 협업도 하고 개인적으로 관련 교사연구회에 가입해서 자료를 공유하고 다양한 인터넷 자료 등을 활용해서 이러한 문제를 해결했습니다.

E교사도 다른 교사들과 마찬가지로 물리적, 환경적인 면이 힘들었다고 이야기한다. 하지만 이 문제 때문에 거꾸로 교실을 중간에 포기하지는 않았다. 이 부분은 교사 개인이 보완하기에는 분명한 한계가 있다.

그런데 버그만Bergmann과 샘스Sams가 거꾸로 교실을 처음 시작했을 때에도 무선 와이파이와 스마트 패드가 없었다. CD로 만들어서 사전 영상을 시청하게 하였다. 지금의 환경이 그때보다는 훨씬 좋다. '서투른 목수가 연장만 나무란다'는 속담이 있다. 지금 우리에게 주어진 환경을 최대한 활용해서 거꾸로 교실을 적용해보자. 거꾸로 교실이 갖고 있는 기본적인 절차와 교육철학만 가슴에 품고 도전해보는 것도 큰 의미가 있을 것이다.

Q 거꾸로 교실에서 가장 중요한 교사의 역할은 무엇인가요?

A 그것은 수업을 디자인하고 컨설팅하는 데 있다고 생각합니다. 거꾸로 교실은 정해진 단계나 형식이 아닌 수업 패러다임의 변화입니다. 이론적인 내용은 사전에 동영상으로 학습하는 대신 본 수업 시간에는 학습자에게 유의미한 다양한 활동을 통해 지식을 재구성하고 내면화하는 과정을 거치게 됩니다. 학습이 이러한 활동을 하는 과정 가운데 자연스럽게 일어나기 때문에 교사가 각 주제에 적합한 다양한 수업 활동을 구성하고 적용하는 역할이 가장 중요합니다. 수업 진행을 할 때에는 학생들의 수준에 따라 목표에 도달할 수 있도록 도와주는 역할을 교사가 해야 합니다. 또한 학습자들 간에 배움이 일어날 수 있는 환경을 조성하기 위해 모둠을 구성하고, 여러 도구를 제시하는 역할도 필요합니다.

그리고 수업 이외에 학교생활에서도 자유로운 의사소통이 이루어질 수 있는 허용적이고 유연성 있는 학습문화를 조성하는 역할이 필요합니다. 평상시 생활에서도 학생들에게 열린 자세로 자신의 생각과 질문을 편안하게 말할 수 있도록 하고, 서로서로 비방하지 않고 격려와 적절한 조언을 하도록 학생들을 지도해야 합니다.

거꾸로 교실 수업을 진행할 때 가장 중요한 교사의 역할은 학생들에게 개별적인 피드백을 해주는 것이다. 학생들은 사전에 동영상을 통해 개념 학습을 하고 왔다고는 하나, 각 학습자의 지적 수준 및 환경에 따라 이해하는 정도가 다르다. 거꾸로 교실에서 교사는 이러한 학생들의 오개념을 바로잡아 효과적인 학습이 일어날 수 있도록 다양한 피드백을 제공하는 역할을 해야 한다.

또한 E교사가 말한 허용적인 분위기와 서로 비방하지 않고 격려와 조언을 하도록 하는 교실문화와 규칙을 만드는 것도 거꾸로 교실을 시작하기 전에 교사가 해야 할 일이다. 이러한 교실문화가 갖추어져야 편안한 분위기에서 학생들이 거꾸로 교실 수업에 참여할 수 있다.

Q 거꾸로 교실을 실천할 때 기존의 수업과 다르게 특별히 더 준비하는 부분이 있습니까? 있었다면 어떤 방법으로 준비하셨나요?

A 비교적 스마트 기기와 친숙하고 사용하기를 즐기는 세대인 저는 거꾸로 교실에서 다양한 스마트 콘텐츠를 활용해 학생들의 흥미를 이끌어내려고 노력합니다. 왜냐하면 학생들이 재미있어하고 신기해하고 수업에 적극적으로 참여하는 모습을 보이기 때문입니다. 그런데 오히려 이런 점이 학습 목표를 달성하고 학습 내용을 이해하는 데 방해가 되기도 합니다. 그래서 스마트 콘텐츠를 활용하기에 앞서 가장 신경 써서 준비하는 부분은 학습 내용과 관련된 활동만 하도록 하는 것입니다.

수업의 주객이 바뀌지 않도록 항상 신경 써서 준비합니다. 이를 위해 흥미 위주의 콘텐츠보다는 수업 내용을 가장 효과적으로 전달할 수 있는 다양한 콘텐츠를 찾아보고 이를 수업에 적용했습니다. 저 같은 경우에는 소크라티브Socrative나 핑퐁Pingpong[15]과 같은 실시간 반응 어플을 학생들의 수준을 빠르게 점검하기 위해서 자주 활용하고 있습니다.

스마트 기기와 친숙한 세대인 E교사는 학생들의 동기유발을 위해 스마트 콘텐츠를 자주 활용하고 있다. 여기서 중요한 것은 수업에 적합한 스마트 콘텐츠를 활용하는 것이다. 무분별하게 단순히 재미를 위해 새로운 어플이나 스마트 도구를 활용하는 것은 잘못된 방법이다.

E교사가 상호작용을 위해 자주 활용한다는 소크라티브나 핑퐁 같은 어플은 스마트 기기나 컴퓨터가 있어야 활용할 수 있다. 물론 학교에 최신 스마트 환경이 갖추어지지 않았다고 스마트 콘텐츠를 활용하지 못하는 것은 아니다.

앞에서도 언급했듯이 교실에 이러한 물리적 환경이 잘 갖추어져 있지 않다면 현재 처한 환경을 최대한 이용해보자. E교사 같은 경우에도 학교에 스마트 기기가 20대 정도만 있기 때문에 모둠별로 스마트

---

15. 소크라티브나 핑퐁은 클리커(Clicker) 어플(실시간으로 단말기를 가진 모든 사람들과 상호작용을 할 수 있게 도와주는 어플)의 한 종류이다. 이러한 어플을 활용하면 수업 시간에 실시간으로 교사와 학생 간에 다양한 의견을 나누고 교육 내용과 관련된 질문과 답을 주고받을 수 있다.

기기를 활용하고 있었다. 모둠에 스마트 기기(스마트폰이나 패드)가 하나도 없는 경우는 거의 없을 것이다. 거꾸로 교실에서 이러한 상호작용 어플을 반드시 이용해야 하는 것은 아니지만, 적용해보고 싶다면 있는 환경을 최대한 활용하는 지혜를 발휘해보자.

Q 실천했던 수업 중에서 가장 성공한 거꾸로 교실 수업은?

A 가장 기억나는 수업은 사회과 수업입니다. 저는 6학년 학생을 담임하고 있기 때문에 역사와 관련된 사회 수업을 해야 합니다. 그런데 기존에 아이들이 가장 힘들어하고 싫어하는 수업이 사회 수업이었습니다. 내용이 많고 지루하여 수업에 집중하는 것이 힘들었습니다. 그래서 좀 더 재미있고 즐겁게 사회 과목을 학습할 수 없을까 고민하던 중 거꾸로 교실을 통해 사회 수업을 진행했는데 결과는 대성공이었습니다. 예를 들어 조선 후기 서민 문화에 대해 학습할 때 사전 영상을 통해 그날 배워야 할 내용의 핵심을 간추려 설명했고, 교실 수업 시간에는 모둠별로 조선 후기 서민 문화에 대해 홍보하는 홍보물을 만들어보도록 했습니다. 학생들은 여러 주제 중 하나를 골라 자료를 조사하고 협업하여 홍보물을 만들었습니다. 만화로 표현한 모둠, 동영상을 제작한 모둠, 포스터로 표현한 모둠 등 각자 다양한 콘텐츠를 활용해 주제를 표현했고, 각 모둠의 자료를 학급 SNS에 올려 다 같이 감상하도록 했습니다.

그 후에 학생들이 학습 내용에 대해 이해한 수준을 평가해보았더니 단순히 교사가 전달한 내용보다 더 깊은 내용까지 이해하고 있었습니다. 거꾸로 교실을 하면서 가장 기억에 남았던 수업입니다.

E교사가 진행한 거꾸로 교실 수업은 누구나 쉽게 시도해볼 수 있다. 기존 전통적인 수업과 다른 점은 '첫째, 사전 영상을 통해 개념을 이해하도록 했고, 둘째, 학교 교실 수업에서는 다양한 학습자 중심 활동을 하도록 했고, 셋째, 결과물을 서로 공유했다는 것'이다. 조선 후기 서민 문화를 홍보하는 홍보물을 만들고 만든 자료를 공유하면서 학생들은 협업하고 소통하여 집단지성을 발현했다. 그 과정에서 배움을 얻었을 것이다. 거꾸로 교실은 이처럼 쉽게 실천할 수 있다.

Q 실천했던 수업 중에서 가장 실패한 거꾸로 교실 수업은?

A 제가 했던 거꾸로 교실 중에서 실패했던 수업은 학생들의 수준에 비해 어려운 스마트 콘텐츠를 사용한 수업이었습니다. 마인드맵 도구를 활용하여 문서를 작성하는 협업 활동인데, 학생들이 새로운 어플을 사용하는 것에 익숙하지 않아 수업 시간 내내 제대로 작성하지 못하고, 수업 내용에 관련된 질문보다는 어플 사용에 대한 질문과 답을 하다가 수업을 마무리했습니다. 사전에 어플 사용법을 숙지하고 수업을 진행해야겠

다는 필요성을 느꼈고, 학습자 수준에 맞는 어플 사용이 중요하다는 것을 깨달았습니다.

　신규 교사답게 스마트 도구를 자주 활용하는 E교사가 겪었던 실패 사례는 누구나 겪을 수 있는 문제이다. 특히 E교사처럼 스마트 기기 활용이 능숙한 교사일수록 스마트 기기 활용도가 더 커진다. 스마트 콘텐츠는 우리가 상상하는 것보다 훨씬 다양하고 빠르게 변화하고 있다. 수업의 본질은 학생들의 진짜 배움이지 스마트 소양 능력을 키우는 것이 아니다. 스마트 도구를 적재적소에 잘 활용하면 이득이 되지만 그렇지 않으면 독이 될 수 있다는 것을 명심하자.

Q　거꾸로 교실을 실천하면서 달라진 점은 무엇인가요?
A　솔직하게 이야기하면 거꾸로 교실을 실천하기 이전에는 수업을 준비하고 연구하는 것이 부족했습니다. 수업을 진행하면서도 교사 주도적인 강의식 수업을 주로 했습니다. 그런데 거꾸로 교실을 실천하면서부터는 수업 전부터 준비를 철저하게 하게 되었고, 교사 주도의 수업보다는 학생 활동 위주의 수업을 하게 되었습니다. 학생들의 진정한 배움이 일어나는 수업이 되어 교사로서도 만족합니다. 거꾸로 교실 수업을 준비하면서 학습 내용과 성취기준을 확인하고 그것을 달성하기 위한 다양한 자료를 찾아보게 되었습니다. 기존에 교사 중심적 사고

로 수업을 진행했다면, 거꾸로 교실 이후에는 학습자 중심에서 효과적인 학습이 나타날 수 있는 방법을 연구하게 되었습니다. 거꾸로 교실 수업이 아닌 경우에도 학생들의 활동 시간을 많이 주고 학생들의 반응을 기다릴 수 있는 인내심도 많이 커졌습니다.

E교사는 거꾸로 교실을 시작하면서 수업을 위한 교재 연구도 더 열심히 하게 되었다고 말한다. 학습자 중심 활동을 구성하려면 교사의 수업 준비가 더욱더 필요하다. 교실 수업 시간에 학습자들에게 배움이 일어나도록 수업을 설계하려면 많은 고민과 노력이 있어야 한다. 또한 학생들의 반응이 없어도 답을 주려고 하지 말고 끝까지 인내하는 태도도 있어야 한다. 처음에는 기다리는 것이 답답하고 힘이 들겠지만, 거꾸로 교실의 성공적 실천을 위해서는 정답을 주지 말고 학생들이 스스로 정답을 찾을 때까지 기다려야 한다.

Q 끝으로 하고 싶은 말씀은?

A 실제 거꾸로 교실을 경험해보니 학생들에게 유의미하고 효과적으로 학습이 일어나는 수업이었습니다. 그리고 초등 교사는 거꾸로 교실을 혼자 하기에는 많은 시간과 노력이 뒷받침되어야 하기 때문에 서로의 자료를 공유하고 정보를 나눌 수 있는 플랫폼이 필요하다는 생각이 들었습니다. 이러한 플랫폼

이 구축되면 거꾸로 교실을 처음 접하는 교사들도 큰 어려움 없이 시도해볼 수 있을 것 같습니다.

거꾸로 교실 실천에 가장 큰 적은 교사의 두려움인 듯합니다. 특히 사전 동영상 제작이 어렵고 복잡하다고 해서 시도할 엄두조차 내지 못하는 선생님들이 많이 계십니다. 하지만 최근에는 초보자도 쉽게 만들 수 있는 다양한 어플 및 프로그램이 개발되어 있는 상황입니다. 저도 용기를 내어 실천해보니, 지금 교육에서 강조하는 배움 중심의 진정한 학습이 일어남을 알 수 있었습니다. 21세기의 교육은 교사가 알려주는 지식이 아닌, 학생들이 스스로 넘치는 정보 속에서 유의미한 정보를 찾아내고 구성하는 것에 초점이 맞추어져 있기 때문에 기존의 교육 형태만으로는 분명 한계가 있습니다. 그렇기에 우리 모두 용기를 가지고 새로운 것에 도전하고 실천해간다면 교육의 앞날이 더욱 밝아질 것입니다.

신규 교사인 E교사가 강하게 추천하는 거꾸로 교실에 도전해보자. E교사의 말처럼 거꾸로 교실 실천에서 가장 큰 장애물은 교실의 물리적 환경이 아니라 교사 자신의 거부감이나 두려움이다. 실제 학교현장에서 거꾸로 교실 관련 연수 강의를 했을 때 대부분의 교사들이 '학교현장에서 실제로 이게 될까요?', '너무 이상적인 내용인 것 같아요!' 등의 반응을 많이 보인다. 기존의 교사 주도의 강의식 수업에 너무 익숙해진 지금의 우리 모습을 바꿔야 한다. 그래야 교실이 바뀌고, 우리의 미래인 학생들도 바뀔 것이다.

E교사에게 꽂은 빨대로 빼먹는 거꾸로 교실 꿀 팁

1. 거꾸로 교실을 두려워하지 말자!

거꾸로 교실을 너무 어려워하지 말고 한번 실천해보자. 현장에서 많은 교사들과 거꾸로 교실 연수를 통해 소통했었다. 그중 가장 기억에 남는 질문이 '정말로 이렇게 수업할 수 있나요?'이다. 학생들이 스스로 배움을 느끼는 교육이 이상적이라고 생각하지만 현실에서는 힘들 거라는 편견을 가진 교사들이 많았다. 그런 분들에게 E교사가 말하고 있다. 용기를 내어 실천해보세요! 해보면 거부감과 두려움이 사라질 것이다.

2. 열린 교실문화를 만들려고 노력하자!

거꾸로 교실에서는 교사와 학생, 학생과 학생들 사이의 상호작용이 중요한 부분을 차지한다. 학생들이 교사한테 자기의 생각을 말하거나 궁금한 부분에 대해 질문을 하고 싶을 때 편안하게 느낄 수 있어야 한다. 이는 학생과 학생 관계에서도 마찬가지다. 열린 교실문화를 정착하기 위해서는 학기 초에 교사의 역할이 가장 크다. 다양한 의견과 질문 등을 허용하는 분위기를 이끌어가고, 소통을 격려하는 교사의 모습이 학생들에게 인식되면 자연스럽게 열린 교실문화가 만들어질 것이다. 평상시에도 미소를 지으며 열린 마음을 갖고 생활하는 사람이 되자.

3. 주어진 물리적 환경을 최대한 활용하라(스마트 도구는 단지 거들 뿐!)

'1인 1패드가 있으면 얼마나 좋을까?', '무선 와이파이가 학교 전체에서 되면 얼마나 좋을까?' 스마트 기기를 활용한 수업을 실천해본 교사들은 한 번쯤은 이런 생각을 해봤을 것이다. 하지만 이러한 것은 하루아침에 뚝딱하고 생겨나지 않는다. 그러니 여러분도 E교사처럼 지금 나에게 주어진 환경을 최대한 활용해서 수업에 적용하려고 노력하자. 거꾸로 교실에서 중요한 것은 교사의 거꾸로 수업 설계와 운영이다. 최신 스마트 콘텐츠는 단지 이를 거들 뿐이다.

3-2. F교사: 거꾸로 교실은 달콤하다

교육 경력 3년 차인 F교사는 거꾸로 교실의 매력에 푹 빠진 20대 중반의 웃는 모습이 매력적인 신규 여교사이다. 그녀는 거꾸로 교실을 만난 것을 큰 행운이라고 말한다. 주변 선배들의 권유로 인해서 시작했지만 지금은 거꾸로 교실 전도사로 열심히 생활하고 있다는 그녀는 거꾸로 교실을 적용한 수업 공개도 하고 수업 우수 교사 표창까지 받는 등 신규 교사이지만 거꾸로 교실 수업만큼은 서툴지 않은 전문가이다.

> "처음 학교에 발령을 받았을 때는 학교 업무나 공문 처리, 학생 생활지도 등을 하느라 수업에 집중하지 못했던 것 같아요. 솔직히 학교생활에 적응하느라 퇴근도 매일 늦게 했어요. 집에 가면 바로 잠자기 바빴습니다. 항상 실수투성이였고 수업 준비도 하긴 했지만 만족도는 떨어졌어요. 그런데 거꾸로 교실 덕분에 요즘에는 학교생활에 만족하면서 지내고 있어요. 무엇보다 아이들이 수업을 재미있어하니 저도 행복하고 다른 학교 업무도 효율이 커졌어요"
>
> _F교사의 인터뷰에서

신규 교사들이 겪는 문제는 F교사와 별반 다르지 않다. 필자 또한 처음 학교에 발령받아서 출근할 때가 불현듯 생각났다. 항상 새로운 사건의 연속, 반복되는 실수, 업무 처리의 미숙함, 앞뒤 가리지 않는 무모한 수업 준비 등 집에 와서 녹초가 되어 아무것도 하지 못하고 잠만 잤던 그때가 떠올랐다. F교사는 신규 교사 시절에 생기는 이러한 문제들을 거꾸로 교실을 통해서 해결한 셈이다. 거꾸로 교실은 학생뿐만 아니라 교사도 행복하게 만드는 힘이 있다.

10여 년 전 필자의 신규 교사 때를 생각하며 F교사와의 인터뷰에 임하였다.

Q 거꾸로 교실을 실천할 때 가장 힘든 점은 무엇인가요?
A 가장 어려웠던 것은 사전 수업 동영상을 제작하는 것이었습니다. 처음에는 평균적으로 1개의 동영상에 1시간 정도 제작 시간이 걸렸습니다. 마음이 맞는 동료 교사들과 역할을 나누어 제작하면 좋으나 모두가 같은 생각을 가진 것도 아니고 사전 협의와 공감이 있어야 가능한 일입니다. 지금은 유튜브나 칸 아카데미 등을 활용해서 사전 영상을 대체하기도 하지만, 처음에는 무조건 제가 다 만들어야 하는 줄만 알고 힘들게 영상을 제작했던 모습이 떠오르네요.

F교사처럼 필자가 만난 거꾸로 교실 초보 교사들이 겪는 공통적인 고민은 사전 동영상 제작이었다. 사전 동영상 제작에 너무 부담을 갖

고 많은 시간을 허비하는 경우를 많이 봤다. 사전 동영상은 중요 개념을 학생들에게 잘 전달하는 기능만 하면 된다. 기존 수업에서는 학생들의 흥미를 끌기 위해 여러 가지 캐릭터나 재미있는 활동을 통해 집중할 수 있게 하였다면, 거꾸로 교실에서는 학생들이 혼자 영상을 보기 때문에 집중력이 많이 떨어지므로 최대한 짧게 핵심적인 내용 위주로 영상을 만드는 것이 좋다. 필자 또한 처음에는 재미있게 하려고 이것저것 넣었었는데, 오히려 아이들이 핵심 개념보다는 재미있는 부분만 기억하는 부작용이 있었다. 짧지만 핵심 내용을 설명하면 그 외의 것들은 수업 시간의 다양한 활동을 통해 자연스럽게 배울 수 있다. 화려한 ICT 기술을 활용해서 교육방송처럼 만들려고 노력하지 말자. 우리는 교사이지 테크니션이 아니니 영상의 기술적인 부분은 잊고 내용적인 면에 초점을 두고 사전 영상을 제작하는 것이 바람직하다.

Q 거꾸로 교실에서 가장 중요한 교사의 역할은 무엇인가요?

A   그것은 선행지식을 심화시키는 다양한 학습자 중심 활동을 구성하는 것입니다. 학생이 흥미를 느끼며, 수렴적 사고보다는 발산적 사고를 할 수 있는 적절한 활동을 구성하는 것이 중요합니다. 개인적으로 거꾸로 교실의 가장 큰 목적은 개별화 교육이라고 생각합니다. 이는 단순히 재미있게 수업하기 위한 방법적인 것이 아닙니다. 기존 수업에서는 수준이 각기 다른 많은 학생들을 대상으로 교사가 일방적으로 떠들고 설

명하는 지식, 이해 중심의 하위 수준의 인지적 영역을 배우는 수업이 이루어졌습니다. 거꾸로 교실에서는 학생들이 사전 영상을 통해 기본적인 지식을 습득한 상태에서 이를 활용한 다양한 활동을 하면서 자연스럽게 고등 수준의 능력을 배울 수 있습니다. 이를 위해 교사는 성취수준에 맞는 재미있고 다양한 활동이 이루어지도록 수업 설계를 해야 합니다. 그리고 교사는 아이들이 활발히 활동할 수 있도록 상황을 제시하고 개별적인 피드백을 제공해야 합니다.

신규 교사인 F교사가 지닌 거꾸로 교실에 대한 생각은 고 경력 교사 못지않았다. 자기만의 교육철학이 확실하게 자리 잡고 있었다. F교사는 다양한 교실 수업 경험도 부족하고 수업 노하우도 많지 않았지만 거꾸로 교실에 대한 자신의 가치관과 믿음이 확고하기 때문에 거꾸로 교실을 성공적으로 실천할 수 있었다. 또한 F교사가 말하는 거꾸로 교실에서의 학습자 중심 활동의 특성은 우리에게 많은 시사점을 준다. 거꾸로 교실에서 학습자 중심 활동은 학생들이 흥미를 느껴야 하며, 무엇보다 학생 중심적이고, 닫힌 사고가 아니라 확산적인 사고를 할 수 있도록 구성해야 한다.

Q 거꾸로 교실을 실천할 때 기존의 수업과 다르게 특별히 더 준비하는 부분이 있습니까? 있었다면 어떤 방법으로 준비하셨

나요?

A 거꾸로 교실 실천을 위해서 제일 먼저 매체의 특성을 이해시키고 정보통신 윤리교육을 합니다. 아이들이 평소에 스마트기기를 사용하는 용도는 취미 활동, 게임 등입니다. 따라서 사전 정보통신 윤리교육이 이루어지지 않으면 재미를 위한 댓글을 달거나 저작권을 지키지 않는 경우들이 생길 수 있습니다. 따라서 수업 전 저작권 교육, 선플 달기 및 올바른 인터넷 사용 윤리교육을 준비합니다. 또 수업에 주로 사용하는 SNS와 다양한 어플 사용 방법을 익히는 시간을 갖습니다. 사용 방법을 익히지 못하고 수업을 하게 되면 주객이 전도되는 사태가 발생할 수 있습니다. 그래서 틈틈이 학급 SNS 및 어플 사용 방법을 지도합니다.

신규 교사인 F교사가 중요한 내용을 언급했다. 학생들에게 정보통신 윤리교육을 사전에 지도한다는 것이다. 평소 이 부분을 중요하게 여기지 않았던 필자 자신이 한없이 작아 보였다. 역시 배움에는 높고 낮음이 없다는 생각이 들었다. 학력이나 경력이 배움을 보장해주지는 않는다. 신규 교사인 F교사를 보면서 다시 한 번 필자 자신을 겸허하게 바라볼 수 있었다.

거꾸로 교실은 사전 동영상을 인터넷에 공유하고, SNS를 통해 서로 공유하고 협업한다. 익명의 공간인 인터넷에서 하는 활동이 너무 많다. 그렇기 때문에 거꾸로 교실을 실천하기 전에 정보통신 윤리교육을 실시해야 한다. 사이버 학교폭력, 저작권 소송 등과 관련된 학생들의 피해가 종종 보도되곤 한다. 이러한 피해를 당하지 않기 위해서는 정기적으로 교사의 지도가 필요하다. 이는 거꾸로 교실에만 관련된 내용은 아니지만 반드시 지도해야 할 필수 조건이다.

Q 실천했던 수업 중에서 가장 성공한 거꾸로 교실 수업은?

A 성공한 수업을 생각하니 두 가지가 떠오릅니다. 먼저 4학년 사회과 수업 중 지역의 대표를 선출하는 내용의 수업입니다. 선거 절차에 따라 학생들과 함께 직접 선거를 체험해보는 수업으로 4차시에 걸쳐 진행했습니다. 사전 영상에는 선거의 절차와 투표의 기준에 대한 내용을 담았습니다. 첫 차시에는 설문조사 어플을 활용해 지역 선거 대표 후보자와 선거인단(정당)을 뽑았습니다. 이후 다음 차시 사전 과제로 각 후보자와 선거인단이 직접 지역을 돌아다니며 지역 문제 장면을 찍어 위두랑에 공유하도록 했습니다. 그리고 교실 수업 시간에는 각 정당별로 이 문제를 해결하기 위한 공약을 최소 3가지씩 정하도록 하고, 공약 포스터를 작성하는 시간을 가졌습니다. 사후 과제로 만든 포스터를 활용해 오프라인과 온라인의 SNS 등을 통해 후보를 홍보하도록 했습니다. 마지막 차시에는 동학년 선생님들의 협조를 얻어 동학년 학생 전체가 투표에

참여해서 대표를 뽑았습니다. 학생들이 자기 주변 지역을 직접 돌아다니면서 주민들과 소통하고 몸으로 익힌 거꾸로 교실 수업이었습니다.

다음은 5학년 수학과 수업이 떠오릅니다. 제가 5학년 담임을 할 때 수학을 포기하는 학생들이 여럿 있었습니다. 너무 쉬워서 수업 시간에 듣지 않는 아이들도 있었습니다. 이때 거꾸로 교실로 수업을 했는데, 아이들은 선생님의 얼굴과 목소리에 마냥 신기해하면서 수업을 열심히 들었습니다. 그리고 수업 시간에는 모둠별 수업 내용 확인, 짝끼리 문제 내고 맞히기, 모둠별 도전 골든벨, 이것은 무엇일까요?(교실 속 도형 찾기), 우리 동네 점대칭·선대칭 찾기, 선대칭 도형 만들기, 퍼즐 만들기 등의 다양한 활동을 하고 위두랑을 통해 친구들과 공유했습니다. 아이들은 교과서에서는 볼 수 없는 다양한 활동으로 즐겁게 수학 공부를 했습니다. 학생 스스로가 직접 해보는 것이야말로 가장 큰 공부라는 것을 느낄 수 있었습니다.

거꾸로 교실에서는 학습자 중심의 다양한 활동을 강조한다. 특히 학생들이 직접 경험해보도록 하는 것이 중요하다. 물론 수업 주제나 과목에 따라 학생들이 직접 경험해보지 못할 수도 있지만, 최소한 학생들이 무엇인가를 만들어내거나 해결해보는 경험을 제공해야 한다.

STEAM[16] 교육에서 강조하는 산출물과 같은 맥락에서 생각할 수 있다. 거꾸로 교실 수업 시간에 어떠한 결과물이라도 만들어내는 것은 학생 스스로가 배움을 성취하는 데 큰 도움을 준다.

Q 실천했던 수업 중에서 가장 실패한 거꾸로 교실 수업은?

A 제가 처음에 거꾸로 교실을 할 때 가정에서 사전 동영상을 제대로 안 본 학생들이 몇 명 있었습니다. 학부모와의 소통이 되지 않은 것이 가장 큰 문제였습니다. 당시 제대로 된 인프라도 갖추지 않은 상태에서 혼자 사전 준비 없이 무리하게 수업을 시도해서 어려움이 있었습니다. 결국에는 사전 동영상을 보지 못하는 친구들이 많아서 기존의 수업과 병행한 수업을 했는데, 기본적인 환경 구성의 중요성과 학부모와의 소통의 중요성을 느낄 수 있었던 소중한 경험이었습니다.

필자가 거꾸로 교실을 시작할 때 가장 먼저 하는 것은 학부모들에게 거꾸로 교실과 관련된 가정 통신문을 보내는 것이다. F교사는 열정이 많고 급한 마음에 이러한 과정을 생략해서 거꾸로 교실 수업을 실

---

16. STEAM 교육은 Science(과학), Technology(기술), Engineering(공학), Arts(예술, 사회, 인문), Mathematics(수학) 리키는 말로 필요에 따라 다양한 학문을 융합하여 수업하는 것을 말한다. 특히, STEAM 교육에서는 학생들이 수업을 통해 만들어내는 산출물(만들기 작품, 그림 작품, 발표 자료, UCC, 홍보 포스터 등)과 문제해결 과정을 중요하게 여긴다.

패했었다. 현재 학부모들은 거꾸로 교실을 접해보지 못한 세대이다. 특히, 집에서 스마트 패드나 컴퓨터로 사전 영상을 보는 것 자체가 학부모들에게는 부정적일 수 있다. 필자 경험상 대부분의 학부모들은 학생들이 인터넷 게임이나 유해한 영상에 노출되기 쉽기 때문에 컴퓨터나 스마트 기기를 자주 활용하는 것을 좋아하지 않는다. 따라서 거꾸로 교실에 대한 안내를 반드시 해야 한다. 거꾸로 교실은 교사 혼자서 실행할 수 없다. 가정에서 학부모의 협조는 무엇보다 중요하다.

Q 거꾸로 교실을 실천하면서 달라진 점은 무엇인가요?

A 거꾸로 교실을 실천하기 전에는 활동 구성에서 "어떻게 하면 학생들이 주어진 지식을 잘 익힐까?"에 중점을 두었습니다. 이제는 "어떻게 하면 학생들이 주어진 지식을 활용해 더 심화시키고, 생활화할 수 있을까?"에 초점을 맞추게 되었습니다. 수업을 바라보는 시각, 배움에 대한 기준이 많이 달라졌습니다.

　그전에는 열심히 수업을 준비하고 가르쳐도 모든 학생들을 만족시킬 수 없었습니다. 오히려 수업은 재미있게 들었는데 배운 내용은 금방 까먹는 일도 부지기수였습니다. 그러나 지금은 거꾸로 교실 수업 준비는 부담이 되지만 수업 시간에는 오히려 전보다 여유가 생기고 아이들과 개별적으로 소통할 수 있는 시간이 더 많아지고, 아이들도 스스로 자발적인 수업을 하다 보니 오래 기억에 남고 공부를 즐거워해서 너무 좋습니다.

F교사에게 가장 큰 변화는 수업과 배움을 바라보는 관점이 바뀐 것이다. 결국에는 학생들도 즐겁게 공부하고, 교사도 행복해지는 교실을 볼 수 있다. 또한 학생이 학교와 교사를 좋아하고 행복해지니 당연히 학부모들도 학교와 교사를 더욱 신뢰하게 된다. 이게 거꾸로 교실의 마법이자 힘이다. 학생과 교사가 행복한 교실에서는 학교폭력이나 왕따 같은 생활지도 문제도 당연히 줄어들지 않을까? 오랜 기간 시간을 갖고 질적 연구를 해보고 싶은 주제이다.

Q 끝으로 하고 싶은 말씀은?

A 학생이 집에서 공부하고 학교에서 지식을 심화시키는 거꾸로 교실은 현대 사회에서 정의하는 지식의 정의에 잘 부합한다고 생각합니다. 또한 학교 활동에서 다양한 정보의 보고인 인터넷을 활용해 지식을 수집하고 가공·활용하는 능력 또한 현대에 반드시 필요한 능력입니다. 개인적으로 거꾸로 교실은 21세기 교육에 가장 근접한 수업 방법인 것 같습니다. 많은 교사들이 거꾸로 교실을 통해 배움 중심 교육이 이루어지는 것을 경험했으면 좋겠습니다.

우리는 아이들에게 고기를 주는 것보다 고기를 잡는 방법을 가르쳐야 한다. 기존의 교수법은 지식 위주의 단편적인 교육이다. 이제는 아이들 스스로가 배움을 느끼고 깨달아야 한다. 그러기 위해서는 교육 방법이 변해야 한다. 그 중심에 거꾸로 교실이 있다. 신규 교사인 F교사가 권하는 거꾸로 교실은 교실 혁신 방법 중 하나이다. 특히, 여러 시·도 교육청에서 추진하고 있는 혁신교육에서 강조하는 학생 중심 교육과 바른 인성 교육이 실현될 수 있는 훌륭한 도구라고 볼 수 있다.

F교사에게 꽂은 빨대로 빼먹는 거꾸로 교실 꿀 팁

1. 가정과 소통해야 한다.

가정과의 소통은 거꾸로 교실에서 무척 중요하다. 기성세대인 학부모들은 스마트 기기나 인터넷에 대해서 부정적인 인식이 많다. 그렇기 때문에 학기 초 학부모 상담이나 총회 시간에 거꾸로 교실 운영 방법에 대해 홍보하고, 구체적인 실천 방법과 당부 사항을 가정통신문을 통해 안내해야 한다. 사전 영상을 원활히 시청하고 SNS를 통한 상호작용을 잘하기 위해서는 가정에서의 협조가 무엇보다 중요하다. 필자 같은 경우에는 SNS에 학부모들도 가입할 수 있도록 하고, 수시로 거꾸로 교실 운영 모습과 학생들의 결과물을 사진이나 동영상 등으로 공유하여 학부모들의 신뢰를 얻고자 노력했다.

2. 정보통신 윤리교육은 선택이 아니라 필수다.

온라인에서는 익명성 때문에 학생들이 때로는 장난스러운 댓글을 달고 비방하는 글을 쓰기도 한다. 또한 정보를 검색하거나 자료를 제작할 때 인터넷에 떠도는 자료를 무비판적으로 사용하거나, 저작권이 있는 자료를 사용하기도 한다. 이러한 부작용을 사전에 예방하려면 꾸준한 정보통신 윤리 교육이 필요하다. 거꾸로 교실의 사전 영상 시청과 SNS를 통한 상호작용은 온라인에서 이루어진다. 인터넷에서 학생들이 활동하는 비중이 기존의 전통적인 수업보다 훨씬 많다. 그렇기 때문에 거꾸로 교실을 운영하기 전에 정보통신 윤리 교육은 반드시 실시되어야 한다.

3. 눈에 보이는 산출물이 있으면 더 좋다.

거꾸로 교실에서 중요한 것은 학생 스스로 배움을 느끼고 협업을 통해서 무엇인가를 이루어내는 과정이다. 이러한 과정 속에서 학생들은 스스로 소통하고 협력하고 문제를 해결하려고 노력한다. 학생들은 눈에 보이지 않는 단순 지식을 아는 것보다 무엇인가를 만들어나가는 것에 흥미와 관심을 갖는다. 거꾸로 교실을 성공적으로 실천하려면 학생들에게 활동 결과물을 발표시키거나 전시하여 공유하는 과정이 있어야 한다. 쉬운 예로 수학과의 분수 암호 학습지를 해결하는 모둠 활동을 할 때, 학생들이 직접 짝 혹은 모둠원이나 반 전체에게 문제를 푸는 방법을 설명하도록 해야 한다. 눈에 보이는 것이 있을 때 학생들의 학습 동기는 더욱 커진다.

한눈에 보는 거꾸로 교실 꿀 팁 모음

거꾸로 교사	꿀 팁 내용
A교사 거꾸로 교실은 혁신이다.	1. 거꾸로 교실은 동반자가 있어야 한다. 2. 디딤 영상은 대충(?) 만들어야 한다. 3. 학생들을 믿어라!
B교사 거꾸로 교실은 절대반지다.	1. 스마트 도구를 적재적소에 사용해야 한다. 2. 동료 학습 방법을 훈련시켜라! 3. 절대반지인 거꾸로 교실을 남용하지는 마라!
C교사 거꾸로 교실은 트렌드다.	1. 수업 기술은 꾸준히 공부해야 한다. 2. 거꾸로 교실을 인정하자!(학습자 중심 수업이 대세다.) 3. 학생들의 실제 생활과 관련된 거꾸로 교실 수업이 성공한다.
D교사 거꾸로 교실은 처방전이다.	1. 학생들의 거꾸로 교실 준비도를 파악해라(학생들의 생활지도는 덤이다). 2. 단 한 사람의 학생도 포기하지 말자! 3. 학생들의 진짜 배움을 몸으로 느껴라.
E교사 거꾸로 교실은 활력소다.	1. 거꾸로 교실을 두려워하지 말자! 2. 열린 교실문화를 만들려고 노력하자! 3. 주어진 물리적 환경을 최대한 활용하라(스마트 도구는 단지 거들 뿐!).
F교사 거꾸로 교실은 달콤하다.	1. 가정과 소통해야 한다. 2. 정보통신 윤리교육은 선택이 아니라 필수다. 3. 눈에 보이는 산출물이 있으면 더 좋다.

2부

실천 편

필자들은 역량 모델링[1]이라는 연구 방법을 활용하여 거꾸로 교실을 성공적으로 실천하기 위해서 교사들에게 필요한 역량 모델[2]을 파악하였다. 거꾸로 교실을 실천하기 위해 필요한 역량 모델은 크게 2개 영역, 4개 역량군, 15개 역량[3]으로 이루어진다. 다음 그림은 역량 모델의 전체 구조도를 나타낸 것이다. 총 15개 역량을 골고루 갖추면 거꾸로 교실을 성공적으로 실천할 수 있는 확률이 커진다고 볼 수 있다.

2부 실천 편에서는 15개 역량 중에서 교사 개인의 노력으로 발달시킬 수 있는 역량에 대한 구체적인 실행 지침과 실제 사례에 대해서 소개하고자 한다. 차근차근 따라 해보는 '거꾸로 교실 실천 매뉴얼'이라고 생각하면 좋겠다.

---

1. 역량 모델링이란 역량 모델을 결정하고 조직화하는 과정이다. 일반적인 역량 모델링 절차는 역량 추출을 위한 1차 자료 수집 및 문헌 분석, 1차 자료 분석 및 문헌 고찰에 기반 한 잠정적 역량 모델 도출, 역량 모델 초안의 타당성 검토를 통한 수정, 최종 역량 모델 도출의 단계를 거친다(변정현·이진구·박용호, 2012).
2. 역량 모델은 특정한 업무를 성공적으로 수행하기 위한 역량의 수준과 범위 등을 규명하고 이를 체계적으로 조직한 것이다(박소연, 2010). 즉, 역량 모델은 역량들의 집합으로 볼 수 있다.
3. 역량이란 직무를 성공적으로 수행하는 데 필요한 개인 특성의 조합 또는 특정 직무를 성공적으로 수행하는 사람의 특징 및 속성을 말한다. 기업뿐만 아니라 학교, 공공기관 등 다양한 분야에서 역량을 연구, 활용하고 있다.

거꾸로 교실 실천을 위한 역량 모델 구조도

거꾸로 교실 실행 영역	거꾸로 교실 수업 실천 역량군	온·오프라인 활동 연계 능력	학습자 중심 수업 운영 능력	맞춤형 피드백 능력	자기 수업 성찰
	교육 계획 및 실행 준비 역량군	내용 선정 구조화	거꾸로 교실 수업 설계 능력	디딤 영상 제작 능력	
기반 영역	거꾸로 교실 실천을 위한 환경 조성 역량군	물리적 환경 구성	인적 네트워크 형성	거꾸로 교실 실천 의지	관계 형성력
	기초 소양 역량군	스마트 소양 촉진 능력	교육 변화에 대한 적응력	스마트 역량	온라인 상호작용 능력

5장

거꾸로 교실 실천 전략 1: 필요한 기초 소양 키우기

무엇이든 기반이 중요하다. 거꾸로 교실을 실천하고자 하는 교사들에게도 기초 토대가 되는 역량들이 있다. 이러한 능력들을 필자들은 기초 소양 역량군으로 구분하였다. 구체적으로 살펴보면 스마트 소양 촉진 능력, 교육 변화에 대한 적응력, 스마트 역량, 온라인 상호작용 능력 등이 있다.

이 절에서는 '스마트 교육 관련 지식'과 '온라인 상호작용 능력'을 향상시키는 방법으로 구분하여 설명하고자 한다. 교육 변화에 대한 적응력은 교사 개인이 갖는 정의적인 부분에 영향을 많이 받기 때문에 여기서는 다루지 않았다.

1. 스마트 소양 향상시키기

거꾸로 교실 수업에서 학생들과 원활한 상호작용을 하길 원한다면 어느 정도의 스마트 교육에 대한 지식을 갖추어야 한다. 디지털 원주민native인 학생들과 친숙하게 지내려면 디지털 이주민immigrant인 교사의 노력이 필요하다.

학생들은 스마트 도구를 능숙하게 활용하는 교사를 더 좋아하지 않을까? 거꾸로 교실 수업에서는 스마트 도구를 효과적으로 활용하는 교사 자신의 능력과 스마트 기기를 활용한 다양한 학습자 중심 활동을 원활히 수행할 수 있도록 학습자의 스마트 소양 능력을 촉진하는 능력이 필요하다. 학습자들도 다양한 요인(사회·경제적 요인 등)으로 인해서 스마트 기기를 잘 다루는 학생과 그렇지 못한 학생으로 나뉘는 현상을 볼 수 있다. 디지털 세대라고 불리는 요즘의 학습자들이지만 스마트 기기를 접해보지 못한 디지털 소외 계층이 생각보다 많이 있다. 이러한 정보 격차를 해결하는 것도 거꾸로 교실을 실천하는 교사의 몫이다. 거꾸로 교실 수업을 시작하기에 앞서 이러한 부분을 미리 신경 써서 지도한다면 성공적인 거꾸로 교실을 경험하게 될 것이다.

1-1. 스마트 역량을 향상시키려면?

거꾸로 교실을 실천하기 위해서 향상시켜야 하는 스마트 역량은 크게 두 가지로 구분할 수 있다. 첫째, '스마트 기기를 효과적으로 다루기 위한 교사 자신의 스마트 활용 능력'과 둘째, '스마트 기기를 활용한 다양한 학습자 중심 활동을 원활히 수행할 수 있도록 학습자의 스마트 소양 능력을 촉진하는 것'이다.

먼저 교사의 스마트 활용 능력을 향상시키려면 무엇보다 교사 자신의 노력과 관심이 필요하다. 스마트 활용 능력을 키우는 것은 생각보다 어렵지 않다. '네이버'나 '구글'에 '교육용 스마트 어플', '교육용 스마트 도구' 등의 검색어를 입력하면 꽤 쓸 만한 정보들이 많이 나온다.

구체적으로 우리 학급의 SNS(Social Network Service)를 만들고 싶다면 '학급 SNS'를 검색하면 일반적으로 많이 활용하고 있는 SNS들에 대한 정보가 많이 나온다. '클래스팅, me2day, 카카오스토리, 네이버 밴드, Seesaw, 위두랑' 등 다양한 SNS에 대한 상세한 설명과 장점, 단점 등도 쉽게 찾을 수 있다. 또한 인터넷상에서 협업 마인드맵을 만들고 싶다면 '협업 마인드맵 프로그램', 혹은 직접 프로그램 이름을 넣어 'Okmindmap'으로 검색하면 많은 정보를 찾을 수 있다. 블로그에 나온 정보를 그대로 따라 해보면 누구나 쉽게 이해할 수 있도록 구체적으로 설명하고 있다.

이러한 방법 외에, 스마트 교육 관련 연수를 듣는다거나, 스마트 앱 활용 관련 서적을 사서 천천히 따라 해보는 것도 괜찮은 방법이다. 이렇게 하나씩 새롭게 도전하다 보면 어느새 스마트 활용 능력을 갖춘 자신을 발견할 수 있을 것이다. 필자 또한 거꾸로 교실 수업을 실천하기 전에 수업 주제에 적합한 새로운 프로그램을 하나씩 시도해보는 과정에서 스마트 활용 능력이 신장되는 것을 느낄 수 있었다.

한편, 학습자들의 스마트 소양 능력을 촉진시키는 것도 거꾸로 교실 실천 교사의 중요한 역할 중 하나이다. 학습자의 스마트 소양 능력 촉진은 교사의 구체적인 지도 방법을 개선함으로써 달성할 수 있다. 거꾸로 교실 실천에 앞서 학생들의 기초적인 스마트 소양 능력을 점검하고 부족한 경우에는 지도 시간을 배분해 학생들의 스마트 소양 능력을 길러주어야 한다. 필자 역시 새로운 어플이나 프로그램을 적용하기에 앞서 항상 학생들과 함께 조작해보고 마음껏 활용해보는 시간을 가졌다. 아이들은 생각보다 금방 새로운 어플이나 프로그램에 잘 적응한다.

다음은 교사의 스마트 활용 능력과 학생들의 스마트 소양 능력을 촉진시키기 위해 교사가 구체적으로 행동해야 할 실천 매뉴얼이다.

1.1.1 스마트폰과 PC에서 디딤 영상을 시청하는 방법(요약하고, 질문 적기 등)을 훈련시킨다.

1.1.2 스마트 패드 및 거꾸로 교실 수업에 활용할 교육용 어플의 사용 방법을 수업 전에 집중적으로 지도한다.

1.1.3 스마트 도구를 활용하여 정보를 검색하고 공유하는 방법을 지도한다.

1.1.4 인터넷, 스마트폰 중독 및 사이버 폭력 예방을 위한 인터넷 윤리 교육을 실시한다.

1.1.5 수업 주제에 적합한 교육용 어플이나 스마트 도구를 선정하여 적재적소에 활용한다.

1.1.6 스마트 협업 도구를 적절히 활용하여 학생들의 협업 활동을 촉진한다.

1-2. 거꾸로 교실에서 스마트 도구를 활용한 사례

거꾸로 교실에서 스마트 도구를 활용해 수업하는 경우는 상당히 많다. 사전 영상을 온라인에 올리고 소통해야 하기 때문에 최신 ICT 기술을 활용할 수밖에 없다. 스마트 도구를 사용하는 목적에 따라 필자 나름대로의 점수를 부여해보았다.

가상현실 어플이나 재미난 동영상 등을 단순 흥미와 동기유발을 위해서 맥락 없이 사용하는 경우는 1점, 정보 검색이나 자료 탐색을 위한 학생들의 개별 학습을 지원하기 위해 이용하는 경우는 2점, UCC, 프레젠테이션 등 학생들의 수업 결과물을 만들기 위해 활용되는 경우는 3점, 협업 마인드맵, 모둠 토의, 문제해결 등 학생들이 협업하여 문제를 해결하도록 하는 경우는 4점을 줄 수 있다.

우리가 거꾸로 교실 수업에서 스마트 도구를 활용할 때에는 적어도 2점 이상이 되도록 노력해야 한다. 단순 흥미 유발을 목적으로 스마트 도구를 사용하다가 수업의 본말이 전도되는 경우를 상당히 많이 목격할 수 있다. 수업 목표와 동떨어진 결과가 나올 수 있으므로 주의

해야 한다.

실제로 거꾸로 수업 도입 단계부터 학습자 중심 활동 및 결과 발표까지 여러 단계에서 스마트 도구를 활용할 수 있다. 다음은 필자가 근무했던 학교의 거꾸로 교실 수업에서 스마트 도구를 실제로 활용한 수업 사례들이다. 거꾸로 교실 수업에 어떻게 스마트 도구를 활용하면 좋을지 아이디어를 공유하고자 한다. 특히, 수업 지도안에서 '스마트 도구 활용법' 부분을 관심 있게 살펴보기 바란다.

▶ 스마트 도구를 활용한 거꾸로 교실 수업 사례 1

양촌읍 살리기 프로젝트					
전개	사회, 미술, 국어, 창체	**중심 교과 및 단원**	사회 3단원	**학년 시간**	4학년 40분
수업 주제	지역의 문제를 파악하고 해결 방법 계획하기			**수업 형태**	문제해결 학습

전체 흐름	학생들이 실제로 살고 있는 양촌읍의 문제를 조사하여 회의를 통해 문제를 선정하여 직접 해결 방법까지 만들어보는 수업이다. '양촌읍 살리기 프로젝트' 진행을 위해 사회과를 중심 교과로 지역의 문제 해결을 위해 국어과 2단원 '회의를 해요', 미술과 2단원 '생각을 전달하는 그림', 창의적 체험활동의 '스마트 기기의 기능 익히기'를 통합하였다.
거꾸로 수업 방향	동영상의 내용은 수업 활동 시에 배경지식으로 활용될 우리 지역의 문제와 문제 해결을 위한 대화와 타협 방법, 주민자치의 의미를 담아서 10분을 넘지 않도록 제작하였다. 제작한 동영상은 학급 SNS(위두랑)에 링크 주소를 안내하여 수업 전에 미리 시청할 수 있도록 안내하였다. 교실 수업에서는 하브루타 방법을 활용해 양촌읍의 문제와 관련지어 짝과 질의응답, 모둠별로 해결하고자 하는 문제 선정(층간소음, 주차 문제, 환경오염, 쓰레기 투기 등), 모둠별로 다양한 방법(민원 제시, 시청 UCC 공모전 참여, 지역 캠페인하기, 포스터 제작 등)으로 문제를 해결하는 과정으로 수업을 진행하였다.
활용 도구	디지털 교과서📖, 위두랑🐾, 핑퐁🅿, Padlet📋, 모비즌Ⓜ, OKmindmapⓄⓀ
스마트 도구 활용법	1. 도입: 핑퐁을 활용해서 사전 영상과 관련된 퀴즈를 해결하도록 하였다. 즉각적으로 결과가 나타나 피드백을 주기가 편리하다. 2. 전개: OKmindmap을 활용해서 지역의 문제 해결을 위한 아이디어를 협업 마인드맵으로 제작하여 공유했으며, 이를 문제 해결을 위한 기초 자료로 활용토록 하였다. 또한 디지털 교과서를 활용해 지역 문제와 관련된 여러 개념을 복습하도록 하여 자기주도적으로 탐색하는 경험을 하도록 하였다. 3. 정리: 위두랑에 Padlet URL 주소를 올리고 학생들이 수업에 대한 생각을 담은 글을 간략히 작성하고 교사와 정리 말하기를 하였다.

별이 빛나는 밤에

전개	과학, 미술, 국어, 창체	중심 교과 및 단원	과학 2단원	학년 시간	5학년 40분
수업 주제	우주 탐사 계획을 세우고 우주 탐사가 필요한 까닭을 알아봅시다.			수업 형태	토의·토론 학습

전체 흐름	'태양계와 별'을 학습하는 단원으로 우주 탐사 계획을 세우는 과정을 통하여 우주에 대한 호기심과 탐구심을 가지도록 유도하였다. 우주공간을 실제로 탐험하기는 현실적인 어려움이 크기 때문에 스마트 도구 중 Spacecraft 3D라는 증강현실 어플을 활용해 학생들이 가상으로 우주를 탐사하는 체험 기회를 갖도록 구성하였다.
거꾸로 수업 방향	사전 동영상의 내용은 수업 활동 시에 개념지식으로 활용될 우주 탐사선이나 인공위성에 대한 설명과 영화 〈인터스텔라〉에서 행성을 탐사하는 모습 등을 10분을 넘지 않도록 제작하였다. 제작한 동영상은 학급 SNS에 링크 주소를 안내하여 수업 전에 미리 공부할 수 있도록 안내하였다. 교실 수업에서는 행성의 종류와 특징에 관한 퀴즈를 풀고 각 모둠별로 가고자 하는 행성의 탐사 계획을 모둠 토의를 통해 만들고, 우주 행성 관련 어플을 활용해 가상 탐사를 하도록 구성하였다. 실천 계획은 서로 공유하고 댓글로 서로 피드백을 주도록 안내하였다.
활용 도구	클래스팅ⓒ, 핑퐁🄿, OKmindmap🆗, Spacecraft 3D🖼
스마트 도구 활용법	1. 도입: 핑퐁을 이용해서 사전 동영상 과제를 수행한 내용을 확인해 수업 전 출발점 행동을 점검하였다(행성의 종류와 특징에 관한 퀴즈). 2. 전개: OKmindmap을 활용해 행성의 특징을 정리하고, 탐사 계획을 세운 후, 'spacecraft 3D' 어플을 활용해 장비를 가상 행성 탐사를 하도록 하여 우주인이 되는 경험을 간접적으로 체험하도록 하였다. 3. 정리: 학급 SNS인 클래스팅에 실천 계획을 올린 학생은 다른 학생이 올린 계획을 보고 댓글로 피드백을 주도록 하였다.

Okmindmap을 활용한 협업 마인드맵 예

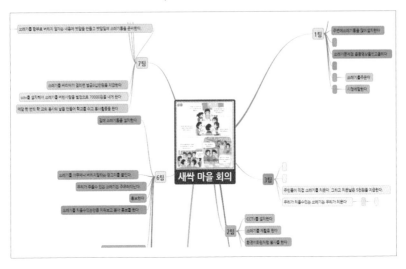

Padlet을 활용한 내용 정리하기 예

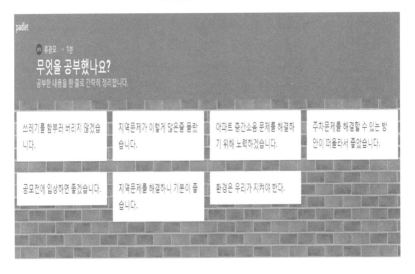

2. 온라인 상호작용 능력 키우기

일반적인 수업에서 교사와 학습자, 학습자와 학습자 간의 상호작용은 누구나 중요하게 인식한다. 교사뿐 아니라 21세기를 살아갈 학생들에게도 없어서는 안 될 것이 커뮤니케이션 능력이다. 물론 거꾸로 교실 수업에서도 원활한 커뮤니케이션은 무척 중요한 요소이다. 특이점이 있다면 거꾸로 교실 수업에서는 온라인 상호작용도 중요하다는 것이다. 면대면 상황에서의 상호작용뿐만 아니라 온라인에서의 상호작용도 거꾸로 교실을 성공적으로 운영하기 위해서 반드시 필요하기 때문이다. 온라인 상호작용 능력은 "온라인상에서 학생들과 소통하면서 거꾸로 교실 수업을 이끌어갈 수 있는 능력"으로 정의할 수 있다. 사전 영상에 대해서 학생들과 댓글로 소통하거나 비밀 채팅을 활용해서 상담을 할 수도 있다. 또한 학생들이 올린 결과물에 대해서 적절한 피드백을 제공할 수도 있다. 거꾸로 교실 수업에서 교사가 온라인에서 학습자들과 상호작용을 하지 않는다면 그 수업은 실패할 확률이 높다.

거꾸로 교실에서 교사는 온라인에서 온라인 퍼실리테이터의 역할을 해야 한다. 학생들이 사전 영상이나 수업 주제에 대해서 질문할 때 곧바로 정답을 주기보다는 학생 스스로 생각하게끔 이끌어가야 한다. 가령 "다른 친구들은 어떻게 생각하니? 자신의 생각을 한 줄 댓글로 달아볼까?" 혹은 "희서야! 네 생각을 조금 더 쉽게 풀어서 설명해 주면 안 되겠니?"처럼 학생들 스스로가 서로 생각을 공유하고 문제에 대한 답을 찾을 수 있는 기회를 제공해주어야 한다. 또한 "와, 좋은 생각인데. 여기에 덧붙여볼 사람?", "이렇게 생각할 수도 있네, 선생님도 한 수 배웠다!"처럼 학생들의 의견에 구체적이고 긍정적인 피드백을 제공함으로써 활발한 온라인 상호작용 환경을 만들어주어야 한다.

앞에서도 언급했지만 우리의 학생들이 살아갈 시대에서는 단순 지식의 암기나 이해보다는 새로운 것을 창조해내고 응용할 수 있는 능력이 중요하다. 거꾸로 교실에서 교사는 효과적인 상호작용을 통해서 학생들의 이러한 능력을 키워야 할 것이다.

2-1. 온라인 상호작용 능력을 향상시키려면?

거꾸로 교실 수업에서 온라인 상호작용 능력을 향상시키려면 무엇보다 스마트 도구를 편안하게 여겨야 한다. 스마트폰이나 패드를 부정적으로 생각해서 멀리 두는 경우에는 학생들과 원활한 온라인 상호작용을 할 수 없을 것이다. 그렇기 때문에 스마트 도구를 긍정적으로 바라보는 자세가 반드시 선행되어야 한다. 스마트 도구는 우리 학생들과 소통하기 위해서는 꼭 필요하다는 생각으로 열린 마음으로 활용하려는 태도가 무엇보다 중요하다. 자세한 활용법은 마음만 먹으면 인터넷에서 쉽게 구할 수 있기 때문에 방법적인 면은 고민할 필요가 없다.

다음은 온라인 상호작용 능력을 촉진시키기 위해 교사 스스로가 행동해야 할 실천 매뉴얼이다.

2.1.1 온라인에서 협업 및 상호작용 활동을 원활하게 할 수 있도록 학급 SNS를 구축하고 이를 활용하여 지도한다.

2.1.2 디딤 영상을 동영상 플랫폼에 탑재한 후 학급 SNS(페이스북, 밴드, 클래스팅, 위두랑 등)에 공유하고 학생들과 댓글을 통해 상호작용을 한다.

2.1.3 온라인에서 핵심 개념을 효과적으로 전달하기 위해 학습지원도구(패들렛, 멘티미터, 카쿠 등)를 활용해 학습자와 상호작용을 한다.

아래 표는 연구학교를 운영하는 동안 선생님들이 활용했던 SNS를 나타낸 것이다. 스마트 도구 모음 표는 필자가 거꾸로 교실 수업에 활용했던 스마트 도구 중 유용한 것들을 정리한 것이다. 거꾸로 교실을 실제로 운영하고 있는 동료 선생님들의 설문을 통해 중요도와 활용도를 표시하였다.

거꾸로 교실 운영에 활용할 수 있는 SNS

이름 및 대표 이미지	필자의 한 줄 코멘트	이름 및 대표 이미지	필자의 한 줄 코멘트
위두랑	KERIS에서 개발한 교육용 SNS로 미래 교과서인 디지털 교과서와 연동되는 장점이 있다.	클래스팅	클래스팅 CEO가 교사로 재직 중일 때 개발한 교육용 SNS로 현장 교사들에게 인기가 좋다.

밴드	알림과 채팅에 특화된 SNS로 일정 공지와 의견 교환에 장점이 있다.	Seesaw	개인의 작품이나 활동 모습을 저장하고 공유하는 포트폴리오에 특화된 SNS이다.

거꾸로 교실 수업에서 사용했던 스마트 도구 모음

이름 및 대표 이미지	필자가 생각하는 장점 및 단점	중요도
		활용도
핑퐁	장점 실시간 반응 확인으로 수업 집중도 향상! 선생님이 수업 중에 질문을 하고 학생들이 이에 응답하면 실시간으로 학생들의 반응이 집계되어 학생들의 수업 이해도가 한눈에 파악되며 더욱 효과적인 수업 진행이 가능하다.	★★★★
	단점 접속하지 않는 학생에 대해서 체크하기 위해서는 학생들이 사용자명을 반드시 실명으로 해야 한다. 또한 문제를 앱상에서는 만들지 못한다.	★★★★
모비즌	장점 모비즌은 별도의 미러링 장치 없이도 스마트폰 혹은 패드의 화면을 컴퓨터에 나타낼 수 있다. 기존의 미러링 장비는 외부 입력으로 미러링 기기를 꽂아야 하지만 모비즌은 인터넷 페이지에서 실행 가능하므로 컴퓨터 화면을 좀 더 자유롭게 쓸 수 있다는 장점이 있다. 또한 동영상 캡처 기능이 있어 사전 영상 제작에 이용할 수 있다.	★★★★
	단점 미러링을 할 때 접속이 불안한 경우가 있다.	★★★★

패들렛 padlet	장점	별도의 앱 없이 바로 의견을 사이트에서 동작하기 때문에 편리하며 회원가입 없이도 의견 교환이 가능해 의견을 모아 공유하기에 효과적인 도구이다. 수업에 활용도가 매우 높다.	★★★★
	단점	다른 사람이 작성한 내용도 수정·삭제할 수 있다. 학생 통제가 어려워서 사용하기 전에 학생들과 사용 규칙에 관한 약속을 해야 한다.	★★★★★
OK mindmap OK	장점	온라인 마인드맵 프로그램으로 학습 정리, 협업하기 등 다양한 형태로 활용 범위가 넓다. 실시간으로 협업 내용이 보여 학습자들의 반응이 높다.	★★★★
	단점	패들렛과 마찬가지로 다른 사람이 작성한 내용을 수정할 수 있다. 학습자가 자기주도적으로 그룹끼리 모여서 동시에 마인드맵을 작성하는 것이라 서로 의견을 일치시키기가 생각보다 어렵다.	★★★★★
카쿠 CACOO	장점	온라인상에서 여러 명이 동시에 협업 마인드맵을 작성할 수 있도록 하는 학습용 스마트 프로그램으로 공유와 소통을 하는 도구이다.	★★★
	단점	역시 다른 학생들의 작품을 수정·삭제할 수 있어서 학생 통제가 문제이다.	★★
소크라티브 socrative	장점	수업 시간에 실시간으로 교사와 학생 간 다양한 의견을 나누고 교육 내용과 관련된 질문과 답을 주고받을 수 있는 앱이다.	★★★
	단점	우선 영문을 한글로 번역한 앱이라 콘텐츠 자체가 딱딱한 느낌이 들고 저학년 학생들이 이해하기 어려운 기능이 있다.	★★

패밀리맵	장점 가족의 계보를 만들면 각 친족 간의 호칭을 자동으로 설정해 가계도의 형태를 보여주므로 복잡한 친족 간의 관계와 호칭을 쉽게 알 수 있는 앱이다.	★
	단점 내용을 정리할 때 수준별로 문제를 구분하여 제시하는 기능이 있으면 더욱 좋을 것 같다.	★★
Skyview	장점 증강현실 기법을 이용하여 태양계의 행성, 별, 별자리와 지구 궤도상의 인공위성의 위치와 공전궤도를 찾는 데 도움을 주는 앱이다.	★★
	단점 실제 수업 시간에 학생들의 호기심을 자극하기에는 좋지만, 단지 흥미에서 머무르는 경우가 있다. 내용 콘텐츠를 학생들과 상호작용하는 방향으로 수정하면 좋겠다.	★★
멘티미터	장점 웹에서 교사와 학습자가 서로 상호작용할 수 있는 스마트 설문 도구로 별도의 앱을 통하지 않아도 PC상에서 중복 투표가 가능하므로 1인 1기기가 아니어도 쉽고 빠르게 학생들의 의견을 수렴할 수 있다. 또한 화면에 설문 결과가 한눈에 알아보기 쉽게 제시되며 설문의 유형은 다지선다, 평정척도, 주관식 입력 등 다양하게 제공된다.	★★★
	단점 투표 시 익명성이 보장되기 때문에 학생들이 진지한 자세로 투표하도록 사전 지도를 철저히 해야 한다.	★★★★

실제로 한번 사용해보고 자기와 맞는 SNS와 스마트 도구를 선택하는 것이 중요하다. 남이 좋다고 무조건적으로 나에게도 좋을 수는 없다. 자신에게 적합한 도구를 올바르게 취사선택하는 지혜가 필요하다.

6장
거꾸로 교실 실천 전략 2: 적합한 환경 조성하기

거꾸로 교실을 실천하기 위해서는 적합한 물리적 환경과 인적 네트워크를 구축해야 한다. 이를 위해서 교사들이 갖추어야 할 역량들이 있다. 거꾸로 교실 실천을 위한 역량 모델 구조도에서 거꾸로 교실 실천을 위한 환경 조성 역량군에 속해 있는 역량들을 말한다.

크게 '물리적 환경구성 영역'과 '인적 네트워크 구축 영역'으로 구분하여 설명하고자 한다.

관계 형성 역량은 '인적 네트워크 구축 영역'에 포함해 제시하였으며, 거꾸로 교실 실천 의지 역량은 제외하였다. '의지'는 교사 개인의 정의적 측면이기 때문에 훈련이나 지식 습득을 통해서 신장시키기가 어렵기 때문이다. 거꾸로 교실에 대해 긍정적인 자세를 가지고 도전해보고자 하는 실천 의지를 갖는 것은 교사 개인의 선택에 달려 있다.

1. 물리적 환경 준비하기

거꾸로 교실 수업에 필요한 물리적 환경 구축은 ICT와 관련된 것과 자리 배치 등 교실 환경과 관련된 것으로 나눌 수 있다. 거꾸로 교실에서 교사가 적용하고자 하는 수업 형태, 수업 주제, 스마트 도구에 따라서 물리적 환경은 달라질 수 있다.

기본적으로 ICT와 관련된 환경 구축은 무선 와이파이 환경과 스마트 기기를 준비하는 것이다. 필자는 운이 좋게도 기본적인 ICT 환경이 구축된 학교에서 거꾸로 교실을 실천할 수 있었다. 필자가 근무한 학교는 교육부와 경기도교육청에서 추진한 농산어촌 ICT 운영 학교였기 때문에 스마트 패드와 무선 와이파이가 기본적으로 구축되어 있었다.

물론 한 학급 정도만 쓸 수 있는 패드와 무선 와이파이 환경이었지만, 최대한 효율적으로 활용하려고 이동형 무선 와이파이와 이동형 패드 충전함을 갖추어 원하는 학급이 골고루 활용할 수 있도록 환경을 업그레이드했다.

이러한 ICT 환경은 교사 개인이 구축하기에는 한계가 있다. 그런데 필자가 알고 있는 대부분의 거꾸로 교실 실천 교사들은 이러한 환경을 완벽하게 구축하지는 못했지만 있는 환경을 최대한 활용해 거꾸로 교실 수업을 실천하고 있다.

가정에서 사전 영상을 시청하지 못하는 환경인 학생들을 위해서 교사의 컴퓨터를 활용해서 쉬는 시간에 사전 영상을 보여주거나, 학생들에게 아침 자습 시간이나 점심시간에 컴퓨터실을 개방해서 사전 영상을 보게 하거나, 학생들의 스마트폰을 일정 시간 사전 영상 시청을 위해 활용하도록 허락하거나, 교실에 사전 영상 시청용 PC를 설치해놓고 학생들이 이용할 수 있도록 하는 경우도 보았다. 교사 자신이 할수 있는 최대한의 노력을 기울여 ICT 환경을 구축하고, 그렇게 구축한 환경을 최대한 효율적으로 활용하면 그게 최선인 것이다.

학급 자리 배치나 교실 환경판은 거꾸로 교실 수업 주제에 따라 다양하게 구성할 수 있다. 자리 배치도 일제식으로 앞을 보고 쭉 배치하는 분단형부터 원형, 디귿자형, 미음자형, 4인 모둠형, 5인 모둠형 등다양한 형태를 고려해볼 수 있다. 책상이나 의자의 배치, 교실 환경판의 기본 색이나 모양에 따라서 학생들이 느끼는 감정과 생각은 다양하다.

예를 들어 서로 눈을 보고 자신의 생각을 교환하고 의견을 모으는 토의 수업을 할 때 '원형으로 앉아서 교실 수업을 했을 때'와 '일제식으로 분단 형태로 앉아서 토의수업을 했을 때'는 학생들의 반응과 수업 태도가 크게 달라지는 것을 볼 수 있다. 거꾸로 교실 수업 주제와 교사의 의도, 학생들의 입장을 최대한 고려해서 자리를 배치하고, 그에 걸맞은 환경을 구성하면 거꾸로 교실의 효과를 높일 수 있을 것이다.

이동형 패드 충전함

무선 와이파이 설치 모습

거꾸로 교실 환경 게시판 예시

토의형 모둠 배치

1-1. 물리적 환경 구성 능력을 키우려면?

물리적 환경 구성 능력은 "거꾸로 교실 실천을 위한 물리적 환경을 구축하고 관리할 수 있는 능력"이라고 정의할 수 있다. 여기서 말하는 물리적 환경 구축은 ICT와 관련된 것과 교실 환경과 관련된 것이다. 무선 와이파이 환경을 학교 전체에 구축하거나, 스마트 패드를 1학생 1패드로 준비하는 것은 교사 개인으로는 불가능하다.

하지만 교사의 관심과 조금의 노력만 있다면 주어진 현재 환경을 최대한 이용할 수 있을 것이다. 디딤 영상 제작을 위한 영상 제작 프로그램을 연구하고 1인 1기기, 2인 1기기, 1모둠 1기기, 1학급 1기기 등 자신이 처한 환경에 적합한 수업을 설계하려고 노력해야 한다. 그리고 거꾸로 교실 수업 주제에 적합한 자리 배치나 학생 작품 전시, 환경 미화를 정비하기 위해 다양한 방법을 고민하는 것도 필요하다.

다음은 물리적 환경 구성 능력을 촉진시키기 위해 교사 스스로가 행동해야 할 실천 매뉴얼이다.

1.1.1 학생들이 집에서 디딤 영상을 찾아 시청하고 이에 대한 선행 학습을 할 수 있는 정보화 기기 환경을 갖추고 있는지 파악한다.

1.1.2 가정에서 미리 디딤 영상을 보기 힘든 학생들을 위해 학교에서 디딤 영상을 볼 수 있는 환경(아침 자습 시간을 이용한 디딤 영상 상영 등)을 마련한다.

1.1.3 거꾸로 교실 수업 주제에 맞는 적합한 학습 모둠과 교실 환경을 구성한다.

1.1.4 디딤 영상 제작을 위한 동영상 제작 프로그램(오캠, 모비즌 등) 및 기기(실물화상기, 스마트 패드, 스마트폰 등)를 준비한다.

2. 인적 네트워크 구축하기

거꾸로 교실의 성공적인 실천을 위해서 필요한 인적 네트워크는 바로 동료 교사, 학생과 학부모이다. 누구나 알고 있듯이 교육의 주체는 학생, 교사, 학부모이다.

먼저 동료 교사들과의 네트워크 구축의 중요성이다. 거꾸로 교실은 교사 혼자서 운영하기에는 힘든 점이 많다. 사전 동영상 제작에서부터 교실 수업에 대한 활동 아이디어 구상까지 혼자 모든 것을 준비하기에는 현실적인 어려움이 많다. 그렇기 때문에 거꾸로 교실 선구자인 버그만과 샘스도 둘이 의지하면서 거꾸로 교실을 시작했으며, 지금은 전 세계 네트워크인 'Flipped Learning Network'를 조직하여 전 세계 거꾸로 교실 실천 교사들과 자료를 공유하고 아이디어를 의논하면서 거꾸로 교실을 실천하고 있다.

경기도교육청에서는 혁신교육의 일환으로 교사들을 대상으로 학교 안과 밖의 전문적 학습공동체를 조직하여 운영하도록 하고 있다. 일종의 자발적 교사학습 연구회라고 볼 수 있다. 경기도의 많은 학교에서 수업과 생활지도 방법을 혁신하기 위해 전문적 학습공동체를 운영하고 있다.

필자가 근무한 학교에서는 '거꾸로 교실을 주제'로 교사 전문적 학습공동체를 조직하여 운영하였다. 거꾸로 교실 사전 영상 제작부터 수업 주제 선정, 학습자 중심 활동 아이디어까지 서로의 생각을 공유하고 협업할 수 있는 좋은 기회를 가질 수 있었다. 이러한 협업을 통해 수업뿐만 아니라 학생 생활지도 문제까지 동료들과 진지한 자세로 의논하고 해결 방법을 모색하려고 노력하였다. 혼자서 거꾸로 교실을 운영하지 말고 같이할 동료들을 찾는 노력이 필요하다. 동학년 교사, 교사연구회 등 다양한 인적 네트워크를 활용하려고 노력해야 한다. 거꾸로 교실 마라톤을 완주하기 위해서는 옆에서 서로 격려하고 의논할 수 있는 인적 네트워크가 중요하다. 이러한 과정을 통해 거꾸로 교실을 성공적으로 실천하고 있는 자신의 모습을 확인할 수 있을 것이다.

우리나라에는 미국의 'Flipped Learning Network'의 역할을 하는 '미래교실네트워크'라는 거꾸로 교실 교사 모임이 있다. '미래교실네트워크'에는 각 지역별로 오프라인 모임도 있으며, 사전 동영상도 인터넷상에서 서로 공유하고 있다.

우리 교육이 나아가야 할 방향이 여기에 있다. 21세기를 살아갈 학습자들에게 필요한 역량 중에는 협업 능력과 커뮤니케이션 능력이 있다. 이러한 학습자를 일선 학교현장에서 지도하는 교사들도 협업하고 소통하는 능력이 있어야 한다.

동료 교사와의 네트워크 구축에 성공하더라도 학생과 학부모들에

Flipped Learning Network 홈페이지
(출처: Flipped Learning Network 홈페이지)

미래교실네트워크 홈페이지
(출처: 미래교실네트워크 홈페이지)

게 신뢰받지 못하면 거꾸로 교실에 대해서 부정적인 반응이 나올 수도 있다. 학생과 학부모와의 올바른 인적 네트워크 구축은 동료 교사들과의 인적 네트워크 구축 못지않게 중요하다. 실제 교육 수요자는 학생과 학부모라고 할 수 있다.

그렇기 때문에 학생, 학부모와 친밀한 관계를 유지해야 한다. 학생들에게는 거꾸로 교실의 장점과 효과에 대해 자주 이야기해주고 구체적인 운영에 앞서 관련 규칙이나 토의 방법 등에 대해 자세히 지도하는 것이 중요하다. 또한 학부모에게 학기 초 거꾸로 교실을 상세히 안내하고 운영 방법에 대해 동의를 구하는 것이 좋다.

2-1. 인적 네트워크 구축 능력을 발달시키려면?

거꾸로 교실을 성공적으로 실천하려면 인적 네트워크를 스스로 만들어가는 적극적인 자세가 필요하다. 인적 네트워크 구축 능력은 "거꾸로 교실 실천을 위한 교수·학습 자료 및 교수법 등을 동료 교사와 함께 소통·공유하고 이를 발전시켜 실행할 수 있는 능력, 새로운 수업 방식인 거꾸로 교실에 대한 신뢰를 얻기 위해 온·오프라인에서 학생·학부모와 긍정적 관계를 맺는 능력"으로 정의 내릴 수 있다.

거꾸로 교실에 도움이 되는 인적 네트워크를 구축하려면 스스로를 낮추고 타인(동료 교사, 학생, 학부모)을 존중하고 협업하려는 마음가짐을 가져야 한다. 또한 학부모와 학생의 시각에서 생각해보고 교사 자신이 학생이나 학부모의 입장이라면 어떠할지 고민해보는 것도 좋은 방법이다.

다음은 인적 네트워크 구축 능력을 촉진시키기 위해 교사 스스로가 행동해야 할 실천 매뉴얼이다.

2.1.1 학생들을 인격적으로 동등한 존재로 여기고 학생들의 의견을 존중하는 언행을 실천한다.

2.1.2 학급 SNS 등을 통해 학생, 학부모와 지속적인 관계 유지를 하여 긍정적인 래포를 형성한다.

2.1.3 가정에서의 원활한 온라인 디딤 영상 학습을 위해 학기 초 학부모에게 디딤 영상 활용법과 거꾸로 교실에 대해 안내한다.

2.1.4 거꾸로 교실 실천 교사들과 의견을 주고받을 수 있는 거꾸로 교실 커뮤니티에 가입하여 거꾸로 교실 수업 노하우를 공유한다.

2.1.5 거꾸로 교실 수업 실천 시 적용할 수 있는 다양한 학습자 중심 활동에 대한 정보를 동료 교사들과 공유하고 이를 수업에 활용한다.

2.1.6 동료 교사와 협력하여 디딤 영상을 함께 제작하고 공유한다.

7장
거꾸로 교실 실천 전략 3:
수업 설계 및 디딤 영상 제작하기

거꾸로 교실을 처음 실천하는 교사들이 가장 어려워하는 것이 사전 영상 제작과 학습자 중심 수업 설계 부분이다. 거꾸로 교실 연수를 학교에서 진행할 때에도 이와 관련된 질문을 가장 많이 받곤 한다. 거꾸로 교실에서 가장 중요한 부분이기도 하다.

거꾸로 교실 실천을 위한 역량 모델 구조도에서 거꾸로 교실 실천을 위한 교육 계획 및 실행 준비 역량군에 속해 있는 역량들을 말한다. 이 역량군에는 '내용 선정 구조화', '거꾸로 교실 수업 설계', '디딤 영상 제작 능력' 등이 있다.

학습 내용을 선정하고 구조화하는 능력은 수업 설계의 한 부분에 속하기 때문에 거꾸로 교실 수업 설계와 디딤 영상 제작으로 구분하여 설명하고자 한다.

1. 학습자 중심 수업 설계하기

거꾸로 교실 수업을 잘 설계하기 위해서는 무엇보다 기본을 충실히 따라야 한다. 거꾸로 교실 대표 공개수업을 준비하는 선생님들과 수업 사전 협의회를 여러 번 실시한 결과 정답은 '기본에 충실하자'이다. 우리가 흔히 알고 있는 수업의 단계는 도입-전개-정리의 순서로 이루어져 있다. 거꾸로 교실 수업 설계도 이러한 관점에서 생각하는 것이 좋다. 앞의 이론 편에서 이야기한 것처럼 거꾸로 교실 수업도 일반적인 단계를 가지고 있다. 많은 학계 전문가와 실천가들의 이론을 정리해보면 거꾸로 교실 수업의 교수·학습 절차는 일반적으로 수업 전 활동, 수업 활동 준비, 수업 활동, 수업 후 활동으로 이루어져 있다.

수업 전 활동과 수업 후 활동은 온라인에서 이루어지며 수업 활동 준비와 수업 활동은 오프라인, 즉 교실에서 이루어진다. 보통 수업 전 활동에서는 사전 동영상 강의 시청, 온라인 상호작용 등이 이루어지며, 수업 활동 준비 단계에서는 사전 개념 학습 관련 내용 점검, 주요 개념에 대한 교사의 피드백 제시 등의 활동이 이루어진다. 수업 활동 단계에서는 수업 주제에 적합한 다양한 학습자 중심 활동이 이루어진다. 끝으로 수업 후 활동에서는 수업을 통해 느낀 점이나 새로 알게 된 것과 관련된 성찰 일기를 쓰거나 온라인 댓글을 통해 자기 평가나 동료 평가가 이루어진다.

이러한 일반적인 거꾸로 교실 수업 단계에 맞춰서 수업을 설계하면 큰 어려움이 없을 것이다. 차근차근 일반적인 절차에 맞춰 수업을 설계해보고 실천해보면서 자신만의 노하우를 키우는 것이 중요하다. 거꾸로 교실 수업 설계에서 가장 중요한 것은 교실에서 이루어지는 학습자 중심 활동이다. 이 부분을 어떻게 구성할 것인지가 거꾸로 교실 수업의 성공 열쇠라고 할 수 있다. 수업 주제와 학생들의 특성, 흥미 등을 감안하여 가장 효과적인 학습자 중심 활동을 설계해야 한다.

또한 거꾸로 교실 수업 주제 선정에 대한 고민도 필요하다. 교과서에 나와 있는 대로 수업을 진행하면 거꾸로 교실 수업 단계에 맞지 않는 경우가 상당히 많다. 사전 영상 제작이나 다양한 학습자 중심 활동을 설계하기에 적합하지 않은 경우가 생길 수 있다. 그렇기 때문에 거꾸로 교실 수업 주제를 선정하기 위해서는 교과 내 통합이나, 교과 간 통합을 통해서 주제 중심으로 수업을 재구성하는 노력이 필요하다. 교육과정 재구성을 너무 어렵게 생각하지 말고 학생들의 생활과 관련된 소재를 가지고 각 과목별 핵심 성취기준에만 부합하도록 주제를 선정하면 된다.

다음은 필자가 근무했던 학교에서 성공적인 거꾸로 교실 수업이었다고 평가된 수업 지도안들이다. 일반적인 거꾸로 교실 수업 단계에 맞춰서 수업을 설계했으며, 교실 수업에서의 학습자 중심 활동은 사전 수업 협의를 통해서 수업 주제와 다양한 학습자 특성 등을 고려해 선정하였다. 거꾸로 교실 수업 설계를 잘하기 위해서는 혼자 하는 것보다 동료 교사들과의 협의를 통해서 아이디어를 얻는 것이 좋다.

요즘의 학교문화는 허용적이고 개방적으로 바뀌고 있다. 내가 먼저 문을 두드리면 대부분의 동료 교사들은 문을 열어줄 것이다. 집단지성의 힘은 개인의 힘보다 훨씬 강하다는 것을 명심하자.

▶ 거꾸로 교실 수업 지도안 예-4학년 사회과

단원	2. 사회 변화와 우리 생활
학습 목표	성역할에 대한 고정관념 및 성차별에 대한 느낌을 이야기하고 올바른 태도에 대해 생각해봅시다.

학습 단계	학습 요소	수업 활동	활동 전략 및 유의점
교실 수업 준비 (on)	수업 전 (10분)	▶ 사전 과제 거꾸로 교실(동영상 보기) • 성차별의 정의 및 사례에 대해 알아보기 • 사전 과제 제시(성차별 자가 점검 설문 조사) https://youtu.be/JtUVauj4LEo	〈온라인 사전 과제〉 동영상을 시청하고 클래스팅에 접속하여 성차별 자가 점검 설문 조사를 실시한다.
학습 준비도 확인 및 문제 제시 (off)	도입 (4분)	▶ 얼마나 알고 있을까요? • 사전 과제 내용을 ○X퀴즈로 확인하기 - 성차별 및 성에 대한 고정관념에 대해 퀴즈 풀기 - 제시한 문제의 답을 쓰고 확인하기 ▶ 학습 목표 파악하기 성역할에 대한 고정관념 및 성차별에 대한 느낌을 이야기하고 올바른 태도에 대해 생각해봅시다.	골든벨 퀴즈를 이용해 사전 동영상과 관련된 내용을 확인하여 수업 전 출발점 행동을 점검한다.
학습자 중심 문제 해결 활동 (off)	문제 추구 및 해결 (10분)	▶ 활동 1: 경험 및 느낌 나누기 • 우리 반 성차별 자가 점검 결과 확인하기 - 사전 학습 과제로 클래스팅에 공유한 성차별 자가 점검 설문조사 결과 확인하기	사전 과제로 클래스팅에 제시한 설문조사의 결과를 확인하여 문제 해결 의지를 다진다.

학습자 중심 문제 해결 활동 (off)	(12분)	• 성차별 사례 알아보기 - 교과서 75쪽의 민수와 하경이의 일기 속 성차별을 찾아보기 - 성차별과 관련된 속담을 읽고 성역할에 대한 고정관념 및 성차별 찾아보기	교과서의 그림 장면을 활용한다.
		• 저도 겪어봤어요 - 자신이 경험했던 성차별 및 성역할에 대 한 고정 관념 발표하기 - 학생들의 경험 속에서 성차별이 드러난 어구를 선정하기(예시: "남자가 이런 걸로 우냐?", "여자는 치마를 입어야지" 등) - 선정한 성차별 어구를 '느낌 터널'을 통 과하며 직접 경험하기	학생들의 경험 속에서 어구를 선정하여 자신과 의 관련성을 높 인다.
		〈느낌 터널〉 ※눈을 감은 상태로 성차별의 말을 들으 며 터널을 통과한다. 자신의 느낌에 집 중한다. : 학생들은 각자 반대의 성별로 역할극을 한다. : 남학생들은 두 줄로 서서 터널을 만들 고 여학생들이 터널 사이를 눈을 감고 남성을 차별하는 말을 들으며 천천히 통과한다. : 서로 역할을 바꾸어 활동한 후 자리로 돌아가 자신의 느낌을 정리한다. - 짝 활동지를 채워가며 자신의 느낌을 공유하고 짝의 느낌을 듣기	학생들이 '느낌 터널'을 통과할 때 진지한 태도로 임하도록 한다. 추상적인 느낌을 짝과 서로 말로 설명하는 과정 을 통해 내면화 시킨다.
		▶ 활동 2: 성차별 공익광고 만들기 • 성차별 공익광고 계획 및 제작하기 - 교과서 76쪽에 제시된 표지판을 보며 함께 문제점 찾기	여러 가지 표지 판 및 그림을 제 시하여 다양한 선택을 할 수 있 도록 한다.

학습자 중심 문제 해결 활동 (off)		- 개선된 표지판을 보며 달라진 점 찾기 - 짝과 함께 제시된 여러 그림 중 한 가지를 선택하여 문제점을 찾고 공익광고용 4컷 만화 계획하기 〈공익광고용 만화 제작〉 ※4장면으로 제작한다. : 장면 1, 그대로 그리기 : 장면 2, 문제 상황 문구 제시 : 장면 3, 바꾸어 그리기 : 장면 4, 제안 및 공익광고용 문구 제시	색칠과 꾸미는 것에 집중하기보다는 각 장면의 의미와 내용을 담는 데 집중하도록 한다.
	적용 발전 (8분)	▶공유 및 소감 나누기 • 완성 작품 감상 및 설문조사 하기 - 완성된 작품을 공유하고 함께 감상하기 - 클래스팅에 제시된 성차별 관련 설문조사 참여하기	완성된 작품을 클래스팅에 업로드하고 이 중 몇 작품을 함께 감상한다.
정리 및 평가 (off)	정리 (6분)	▶정리하기: 마무리 퀴즈 • 마무리 퀴즈를 이용하여 배운 내용 정리하기 • 내면화하기 - 오늘 수업을 통해 배운 점, 느낀 점, 실천할 점 이야기하기	마무리 퀴즈를 이용하여 학습 내용을 정리하되 학습 성취도를 파악하기 위해 오답에 대한 지도를 실시한다.
배움 내용 성찰 (on)	수업 후 (10분)	▶우리가 할 수 있는 일 찾기 • 성차별이나 성역할에 대한 고정관념을 없애기 - 우리가 생활 속에서 실천할 수 있는 것을 생각하기	클래스팅에 의견을 담은 댓글을 단다.

　이 거꾸로 교실 사회과 수업은 학생들이 '성역할에 대한 고정관념 및 성차별'에 문제의식을 가지고 궁극적으로는 양성평등 의식을 갖게 하는 데 목적이 있다. 이런 주제와 같이 학습자의 태도 및 의식 변화를 목적으로 하는 수업에서 가장 중요한 것은 직접 그 상황을 체험해보고 자신의 감정을 느껴보는 것이다. 따라서 딱딱한 교과서 활동에서 벗어나 평소 생활 속에서 성차별로 인해 불편을 겪었던 경험을 떠올려보고 체험해보는 활동 등으로 거꾸로 교실의 학습자 활동을 설계하였다.

　'느낌 터널' 활동을 통해 반대의 성별이 성차별을 당할 때의 느낌을 느껴보고 역지사지(易地思之)의 마음으로 태도 변화에 대한 계기를 마련하도록 하였다. 또한 이를 단지 추상적인 느낌에서 끝내지 않고 성차별 극복 및 실천 의지를 다지기 위해 성차별 관련 공익광고 만화를 제작하는 활동으로 수업을 설계하였다. 그림과 함께 공익광고에 들어갈 문구를 고민하면서 바람직한 성역할에 대한 태도를 생각해보는 계기를 갖게 하였다.

학생들에게 담임교사가 학습할 주요 개념과 관련된 내용을 직접 강의하여 제작한 동영상을 제시함으로써 조금 더 흥미를 갖고 사전 영상을 시청하게 하였다. 동영상의 내용은 수업 활동 시에 배경지식으로 활용될 성차별의 정의, 성차별의 사례 및 성차별과 관련된 속담이며 동영상 시청 시간은 10분을 넘지 않도록 제작하였다. 제작한 동영상은 학급 SNS인 클래스팅에 링크 주소를 안내하여 수업 전에 미리 시청할 수 있도록 하였다.

우리나라에 오래도록 뿌리내려온 유교문화의 영향으로 여전히 생활 속에 남아 있는 성역할에 대한 고정관념을 다양한 학습자 중심 활동을 통해 느끼고 체험할 수 있도록 구성하였다. 자신의 경험을 말하는 기회를 제공해서 실제 생활과의 관련성을 느끼게 하고, '느낌 터널' 활동을 체험하여 우리 생활과 가까운 곳에 성차별이 존재함을 알도록 하였다. 문제에 대해 내면화하는 것에 초점을 두었다.

단원	3. 원
학습 목표	원의 중심과 반지름을 알고 생활 속에서 원을 찾고, 색종이 불꽃놀이를 만들 수 있다.

학습 단계	학습 요소	수업 활동	활동 전략 및 유의점
교실 수업 준비 (on)	수업 전 (10분)	▶ 사전 과제 거꾸로 교실(동영상 보기) • 원의 중심에 대한 개념 알기 • 원의 반지름에 대한 개념 알기 • 원의 중심과 반지름에 대한 퀴즈의 답 생각하기 https://www.youtube.com/watch?v=FIsdCUc8kto	〈사전 과제〉 동영상을 시청하고 알게 된 점을 정리하고 온라인 사전 과제를 해결한다.
학습 준비도 확인 및 문제 제시 (off)	도입 (7분)	▶ 사전 개념 확인하기 • 간단한 퀴즈를 통해 사전 개념 확인하기 ▶ 무엇을 공부할까요? • 불꽃놀이 모습 살펴보기 • VR로 불꽃놀이 모습 살펴보기 • 불꽃놀이에서 나온 도형 발표하기 • 생활 속에서 원을 본 경험 이야기하기 ▶ 학습 목표 파악하기 원의 중심과 반지름을 알고 생활 속에서 원을 찾아봅시다.	사전 영상의 주용 내용에 대해서 간단히 질문한다. VR을 통해 불꽃놀이 모습을 살펴보며 학습 동기를 유발한다.

| 학습자
중심
문제
해결
활동
(off) | 문제
추구
및
해결
(12분) | ▶활동 1: 생활 속 원에서 중심과 반지름 찾기

•교실 속 숨어 있는 '원' 찾아 사진 찍기
- 교실을 돌아다니며 원모양의 물체를 찍기

•중심과 반지름 표시하기
- 원모양의 물체 사진에 원의 중심과 반지름 표시하기
- 중심과 반지름을 표시한 사진을 위두랑에 올려 학급 친구들과 공유하기
- 중심과 반지름을 표시한 사진을 위두랑에 공유하여 함께 살펴본다. | 교사는 교실 속에 종이컵, 시계, 선풍기, 둥근 색종이, 풀 뚜껑, 볼펜 뚜껑, 테이프, 접시, 화분, 자석 등을 의도적으로 배치한다.

생활 속에 원이 많이 쓰인다는 것을 깨닫게 한다. |
| | 적용
발전
(14분) | ▶활동 2: 원 구분하기

•불꽃놀이 모양을 보며 원 구분하기
- 여러 가지 불꽃 모양을 보며 원인지 생각하기
- 원을 그리는 방법을 떠올리며 원의 중심에서 부터 한 점의 거리는 같다는 것을 떠올리기
- 분류의 기준 세우기
- 분류의 기준인 '반지름의 길이'에 따라 두 가지 불꽃 모양 사진의 중심을 찾고 반지름의 길이 재기
- 불꽃놀이의 모양이 다른 이유를 발표하기
- 불꽃놀이의 터지는 장면을 보며 원의 중심과 반지름을 찾는다. | 불꽃놀이의 여러 장면 중 중심에서부터 반지름의 길이가 모두 같은 불꽃놀이 장면 한 장면, 원의 중심에서부터 반지름의 길이가 같지 않은 불꽃놀이 장면 한 장면을 제시한다.

문제해결 학습지 |

정리 및 평가 (off)	정리 (7분)	▶ 정리하기 • 원에 대해 알게 된 사실 나누기 - 원에 대해 알게 된 다양한 사실을 나누기 - 학급 SNS인 위두랑을 활용하여 공유하기	학급 SNS를 활용하여 자신의 의견을 공유한다.
배움 내용 성찰 (on)	수업 후 (10분)	▶ 색종이 불꽃놀이 만들기 • 불꽃놀이를 꾸며 위두랑에 올리기 - 다양한 반지름 길이의 원모양 색종이를 준비하기 - 검은 도화지 위에 색종이를 붙여 불꽃놀이 장면 만들기 - 만든 불꽃놀이 작품을 위두랑에 공유하기	원의 중심과 반지름을 떠올리며 불꽃놀이 장면을 꾸민다. 위두랑에 공유하여 서로의 작품을 감상한다.

▶ 수업 설계 의도 및 해설

 이 거꾸로 교실 수학과 수업은 '원의 중심', '반지름'이라는 용어의 도입과 원과 우리 생활의 관련성을 심어주는 데 주안점을 두었다. 원과 우리 생활의 밀접한 관련성을 학생들이 느낄 수 있도록 생활 주변의 원 물체를 찾아 사진 찍는 활동을 설계하였다. 생활 속에서 발견한 원 안에서 원의 중심과 반지름을 발견하고 이를 표시하며 개념을 익히고 이후 생활 속에 있는 다양한 동그라미 모양의 물체를 '반지름'을 기준으로 하여 원인지 원이 아닌지 학습자 스스로가 토의해보는 시간을 갖는다.

 이 수업을 통해 학생들이 3학년 수학 교과에서 가르치고자 하는 "원 위의 점들은 모두 원의 중심으로부터 같은 거리에 있다"라는 원의 개념을 학습자 스스로가 발견하고 학습할 수 있을 것이다. 또한 미술 교과의 '4. 관찰표현'과 융합하여 원을 관찰하고 알아본 성질을 활용하여 색종이 불꽃놀이를 꾸며 학습 내용을 정리할 수 있도록 하였다. 이는 거꾸로 교실 수업의 오프라인에서의 학습자 중심 활동을 통해 학생 스스로 무엇인가를 만들어내도록 하는 것에 초점을 둔 것이다.

또한 학급 SNS인 '위두랑'을 활용하여 수업과 관련된 사전 동영상의 URL을 제시하고 이에 대한 짧은 퀴즈를 해결하여 수업 전에 원에 대한 개념을 갖도록 하였다. EBS 또는 유튜브의 관련 개념 동영상을 통해 사전 영상을 제시할 수도 있으나 학생들에게 교사가 학습할 내용을 직접 강의하여 제작한 동영상을 제시함으로써 친밀감을 높여 사전 개념 학습이 좀 더 철저히 이루어지게 설계하였다. 사전 동영상에서는 원을 그리는 여러 방법의 복습, 원의 중심과 반지름의 개념에 대해 설명하였으며, 동영상 시청 시간은 10분을 넘지 않도록 제작하였다.

단원	2. 씨의 싹트기
학습 목표	여러 가지 씨의 색깔, 모양, 크기 등을 관찰하고, 씨앗의 특징을 찾을 수 있다.

학습 단계	학습 요소	수업 활동	활동 전략 및 유의점
교실 수업 준비 (on)	수업 전 (10분)	▶교과서 142~144쪽과 사전 동영상을 가정에서 학습한 후 실험관찰 정리하기 •여러 가지 씨의 공통점과 차이점 - 공통점: 단단하고 껍질에 둘러싸여 있다. - 차이점: 식물마다 색깔, 모양, 촉감, 크기가 다르다. •실험관찰을 정리하며 작성할 수 없는 부분 남겨두기 ▶사전 동영상 학습을 통한 배움 정리 •자유 형식으로 학급 SNS(클래스팅)에 배움 내용 정리한다. ▶사전 과제 제시하기 •여러 가지 씨앗 가져오기	교과서와 사전 동영상 시청에 대한 안내를 한다. 클래스팅에 배움 내용을 정리하도록 한다.
학습 준비도 확인 및 문제 제시 (off)	도입 (5분)	▶동기유발 및 학습 준비도 확인하기 •여러 가지 씨를 보여주고, 스무고개 게임을 한다. - 나는 누구일까요? - 옥수수 씨입니다. - 강낭콩 씨입니다.	스무고개 게임을 활용하여 씨 알아맞히기 놀이를 할 때는 학생 각자의 생각을 답할 수 있는 기회를 골고루 주어야 한다.

학습 준비도 확인 및 문제 제시 (off)		▶학습 문제 파악 여러 가지 씨의 색깔, 모양, 크기 등을 관찰하고, 공통점과 차이점을 찾아보자. ▶학습 활동 안내 • 활동 1. 모둠별로 씨 모으기 • 활동 2. 씨를 관찰하는 방법 알아보기 • 활동 3. 씨의 모습을 관찰하고 특징 비교하기 • 활동 4. 관찰한 씨의 공통점과 차이점 정리하기 • 활동 5. "미인 씨앗 선발대회" 역할극 하기	전체 활동을 구분하지 않고 이어서 하도록 안내한다.
학습자 중심 문제 해결 활동 (off)	문제 추구 및 해결 (20분)	▶활동 1: 모둠별로 씨 모으기 • 모둠별로 벼, 옥수수, 봉숭아, 강낭콩, 은행나무, 채송화 등의 씨를 모으고 씨의 이름을 알아보게 한다. - 어떤 씨를 가지고 왔나요? - 볍씨, 옥수수 씨, 강낭콩 씨, 은행나무 씨 등을 가지고 왔습니다. ▶활동 2: 씨를 관찰하는 방법 알아보기 • 모둠별로 모은 씨의 색깔, 모양, 촉감, 크기 등을 관찰하는 방법을 안내하고 씨를 관찰하게 한다. - 씨앗의 색깔과 모양을 관찰한다. - 씨의 촉감을 느껴본다. - 씨 끼리 길이를 비교하거나 자를 이용하여 길이를 재어본다.	돋보기 씨 관찰 도움판 사전 동영상을 통해 학습한 내용과 직접 관찰하면서 알게 된 내용을 비교할 수 있도록 안내하고 교사는 순회하면서 질문에 피드백을 준다.

| | | ▶ 활동 3: 씨의 모습을 관찰하고 특징 비교하기

• 씨를 관찰하고 특징을 정리하게 한다.
- 강낭콩은 둥글고 길쭉하며 검붉은 색입니다.
- 볍씨는 길쭉하고 표면이 거칠거칠하며 노란색을 띕니다.
- 강낭콩 씨와 은행나무 씨가 가장 크고 옥수수 씨, 볍씨, 봉숭아 씨, 채송화 씨 순으로 큽니다. | |
| 학습자
중심
문제
해결
활동
(off) | 적용
발전
(10분) | ▶ 활동 4: 관찰한 씨의 공통점과 차이점 정리하기

• 씨 관찰 결과를 보며 여러 가지 씨의 공통점과 차이점을 정리하게 한다.
- 단단하고 껍질에 둘러싸여 있습니다.
- 식물마다 색깔, 모양, 촉감, 크기가 다릅니다.

▶ 활동 5: "미인 씨앗 선발대회" 상황극 하기

• 미인 씨앗의 선발기준을 모둠별로 정한다.
• 모둠별로 가지고 있는 씨앗의 특징을 살려 모둠원당 2~3개씩 씨앗의 특징을 뽑아내도록 한다.
• 상황극을 동영상으로 촬영하여 학급 SNS에 올린다.

▶ 다른 모둠의 상황극 감상하기

• 다른 모둠의 상황극을 감상하고 잘된 점을 댓글로 쓴다. | 자신이 미인 씨앗임을 의견과 근거를 들어 말하도록 하여 의견 제시 활동을 융합하여 진행한다.

다른 모둠의 상황극을 감상하고 존중하는 태도를 갖도록 한다. |

정리 및 평가 (off)	정리 (5분)	▶ 학습 내용 정리 • 여러 가지 씨의 색깔, 모양, 크기 등에 대해 관찰한 것을 바탕으로 실험관찰의 나머지 부분을 정리한다. ▶ 차시 예고 • 다음 시간에는 씨가 싹 트는 데 필요한 조건에 대해 알아보자.	
배움 내용 성찰 (on)	수업 후 (5분)	▶ 배움 정리 • 클래스팅에 정리한 배움 내용에 대한 성찰 일기 쓰기	새로 알게 된 것, 더 알고 싶은 점 에 대해서 쓰도 록 안내한다.

이 거꾸로 교실 과학과 수업은 여러 가지 씨의 색깔, 모양, 크기 등을 관찰하고, 공통점과 차이점을 찾는 데 주안점이 있다. 실물을 관찰해보는 과정은 매우 중요하기 때문에 학습 과정에 그대로 반영하였고, 비교하는 과정을 상황극으로 연출하여 표현할 수 있도록 구성하였다. 또한 자신이 찾은 공통점과 차이점을 다른 친구가 찾은 것과 비교해볼 수 있도록 상황극을 영상으로 촬영하여 클래스팅에 올려 자유롭게 공유와 피드백이 이루어질 수 있도록 하였다.

본 차시는 씨앗의 색깔, 모양, 크기 등 특징을 실물을 통해 알아보는 과정으로 사전 영상에서는 세부적인 생김새와 특징에 대한 설명이 필요하지 않다. 사전 동영상을 활용하여 수업의 방향을 학생들이 알 수 있도록 하였다. 사전 학습을 통해 본 수업에서 실물을 봤을 때 씨앗을 구분할 수 있을 정도의 학습만 이루어지면 된다.

사전 동영상의 내용은 수업 활동 시에 배경지식으로 활용될 씨앗의 여러 가지 형태와 특징을 분류의 방법으로 비교적 두루뭉술하게 안내하였다. 세부적인 관찰 및 특징의 파악은 수업 활동 시 실물을 통해 확인할 수 있도록 수업을 설계하였다. 제작한 동영상은 클래스팅에 유투브 링크 주소를 최소 3일 전에 안내하여 수업 전에 미리 공부할 수 있도록 하였다.

또한 이 차시 수업은 '김포 양촌읍 살리기' 프로젝트의 한 과정으로 우리 지역의 취약 지역에 심을 식물을 선정하기 위한 한 부분이다. 식물을 심기 위해 씨앗을 선정하는 과정에서 씨앗을 관찰해보고 특징을 파악하는 것을 표현기능 신장과 함께 융합하여 수업 목표로 세우고 설계하였다.

미인 씨앗 선발대회는 학생들이 즐겁게 씨앗을 관찰하고 특징을 파악하며 표현할 수 있는 학습자 중심 활동 전략의 하나이다.

단원	3. 우리 경제의 성장과 발전
학습 목표	근로자의 역할이 되어보는 역할극을 통해서 근로자의 노고와 노력을 알 수 있다.

학습 단계	학습 요소	수업 활동	활동 전략 및 유의점
교실 수업 준비 (on)	수업 전 (10분)	▸사전 과제 거꾸로 교실(동영상 보기) • 영화 〈국제시장〉에 나오는 파독 간호사, 광부 등 노동자들의 실제 인터뷰 영상을 시청한다. • 관련 영상 소개 https://www.youtube.com/watch?v=ax_iHOpIRvk	〈사전 과제〉 영화 속에 나오는 파독 간호사, 광부의 모습을 통해 우리 경제 발전을 위해 노력한 근로자들에 대해 사전지식을 갖도록 한다.
학습 준비도 확인 및 문제 제시 (off)	도입 (5분)	▸얼마나 알고 있을까요? • 사전 과제 내용을 ○X퀴즈로 확인하기 - 근로자들의 노력에 대한 지식 퀴즈 풀기 - 제시한 문제의 답을 쓰고 확인하기 ▸디지털 교과서 〈근로자의 노력〉 영상 시청하기 ▸학습 목표 파악하기 근로자의 역할이 되어보는 역할극을 통해서 근로자의 노고와 노력을 알 수 있다.	사전 동영상에 나오는 개념을 확인하여 수업 전 출발점 행동을 점검한다. S노트를 실행하여 정답을 적는 골든벨 판으로 활용한다.

| 학습 준비도 확인 및 문제 제시 (off) | 문제 추구 및 해결 (20분) | ▶ 활동 1: 모둠별 역할극 우리 경제 성장을 위해 노력한 근로자들의 모습 감상하기

〈역할극 예시〉
1조: 과거 파독 간호사들의 어려움
2조: 과거 파독 광부들의 어려움
3조: 자동차 제조 근로자들의 노력
4조: IT 분야 근로자들의 노력
5조: 중동 진출 건설 근로자들의 노력
6조: 베트남 유전 개발 근로자들의 노력

*학급 협의를 통해 다양한 분야 근로자들의 많은 노력이 역할극에 표현될 수 있도록 조정한다.

▶ 활동 2: 역할극을 보고, 근로자들의 노력이 우리 경제에 끼친 영향과 느낀 점을 학급 SNS에 공유하기

• 학급 SNS에 역할극을 보고 느낀 점 공유하기

〈학급 SNS에 올린 글 예시〉
저는 과거 파독 광부와 간호사들의 희생이 없었다면 우리 경제가 이만큼 발전할 수 없을 거라는 생각이 들었습니다.
자동차 제조 근로자들이 우리 경제를 위해 얼마나 많은 노력을 하고 있는지 알게 되었습니다.
정부와 기업도 우리 경제의 발전을 위해 노력하는 근로자들을 위해 복지 개선, 고용 안전 등의 노력을 해야 한다는 생각이 들었습니다.
해외에 나가 일하는 근로자들의 경우 타국의 문화에도 적응하며 일해야 하는 등 여러 어려움이 있을 거라는 생각이 들었습니다. | 전차시 학생들이 대본을 짜고 찍은 영상을 학급 SNS에 업로드한다. 모둠별 영상을 시청할 때 학생들이 조용한 분위기 속에서 다른 팀의 역할극을 감상할 수 있도록 한다.

SNS에 영상을 업로드하지 못했을 경우, 수업 시간에 직접 역할극을 진행해도 된다. |

학습자 중심 문제 해결 활동 (off)		• 공유된 글 중 몇 가지를 골라 이야기 나누기 - 친구의 의견 중 궁금한 점 있으면 묻기 - 친구의 의견 중 반 친구들과 함께 이야 기하고 싶은 사항 있으면 좀 더 논의해 보기 - 친구의 의견에 피드백하기	교사는 학급 SNS 에 공유된 의견 들 중 몇 가지 골 라 학생들과 하브 루타(묻고, 답하 기) 방식으로 심 도 있는 의견을 나눠 반 전체의 소통을 이끌어내 도록 한다.
	적용 발전 (10분)	▶ 활동 3: 최고의 역할극 팀 선정하기 • 경제 성장을 위한 근로자들의 노력을 역할극으로 가장 잘 표현한 팀 뽑기 〈최고의 팀 선정 기준은?〉 1. 근로자들의 노력이 역할극에 잘 표현 되어 있는가? 2. 역할극 시 인물의 말과 행동을 자연 스럽게 잘 표현했는가? 3. 모둠원의 협동, 역할 분담이 잘 이루 어졌는가?	학생들이 선정기 준을 잘 숙지하 고 공정하게 투 표할 수 있도록 안내한다. 질문에 피드백을 준다.
정리 및 평가 (off)	정리 (4분)	▶ 배움 내용 정리하기 • 간단한 쪽지 퀴즈로 형성평가 풀기 • 교사와 정답 확인하기	형성평가를 이용 하여 학습 내용 을 정리하고 오 답에 대해 지도 한다.
배움 내용 성찰 (on)	수업 후 (4분)	▶ 배움 내면화하기 • 학급 SNS에 수업에 대한 나의 생각 올 리기 • 오늘 수업을 통해 배운 점, 느낀 점, 실 천할 점에 대해서 이야기 나누기	교사는 모든 학 생들의 글에 한 줄이라도 피드백 을 한다.

　이 거꾸로 교실 사회과 수업은 우리 경제의 발전 모습과 경제 성장을 위해 노력한 사람들의 모습을 알아보는 것이 주된 내용이다. 그래서 단순히 우리 경제 성장의 여러 모습에 대해 알아보고 끝날 우려가 크다. 사회과 학습의 목표는 단순 지식의 학습이 아니라 사회의 다양한 문제를 종합적으로 이해하며 다양한 정보를 활용하여 현대 사회의 문제를 창의적으로 해결하는 데 있다.

　이를 위해 실제 학생들이 시뮬레이션 방식으로 주제를 선택하여 역할극을 진행하도록 구성하였다. 교사 주도의 강의식 수업이 아니라 학생 중심의 거꾸로 수업으로 설계하였다. 역할극을 시청한 후에 학생들 각자가 느낀 점을 공유하는 과정에서 하브루타 방식을 도입하여 학생들과 소통하면서 배움이 일어날 수 있도록 유도하였다. 이러한 학습자 중심 활동을 통해 학생들은 지식·개념 중심의 배움에서 벗어나 사회적 문제에 대해서 감수성을 가지고 실천적 민주시민으로 성장할 수 있을 것이다.

사전 동영상에는 우리 경제 발전을 위해 노력한 실제 노동자들의 모습에 관한 내용을 제시하여 본 수업에 대한 호기심과 적극적인 활동의지를 갖게 하였다. 사전 동영상은 우리 경제 성장을 위해 노력한 다양한 근로자들의 모습에 대해 배경지식을 가질 수 있도록 제작하였다. 구체적으로 영화 〈국제시장〉에 나오는 파독 간호사, 광부 근로자들이 독일에 가서 헌신하고 노력하는 내용을 삽입하여, 과거 우리 경제의 발전을 위해 노력한 근로자들에 대한 개념 학습이 이루어지도록 하였다.

학생들의 집중도를 위해 사전 동영상의 길이는 5분이 넘지 않도록 하였다. 제작한 동영상은 학급 SNS에 링크 주소를 안내하여 수업 전에 미리 공부할 수 있도록 하였다.

1-1. 학습자 중심 수업 설계 능력을 발달시키려면?

거꾸로 교실에서 학습자 중심 수업 설계는 가장 중요한 부분이다. 필자는 학습자 중심 수업 설계 능력을 두 가지로 분류하여 설명하고자 한다. 첫째, '교육과정 핵심 성취기준을 바탕으로 거꾸로 교실 수업을 위한 교육 내용을 재구성하는 능력'과 둘째, '학습자들의 진정한 배움 중심 수업이 일어나도록 거꾸로 교실 수업을 설계하는 능력'이다.

학습 내용을 선정하고 재구성한 다음 이를 학습자 중심 수업으로 설계하는 것은 거꾸로 교실 운영을 위한 실천 과정에서 가장 핵심적인 단계이다. 이러한 학습자 중심 수업 설계 능력을 향상시키기 위해서는 많은 시행착오를 겪어야 한다. 이를 통해서 학습자들의 특성도 파악하고, 교사 자신의 수업 설계 능력도 신장시킬 수 있다. 거꾸로 교실 수업 주제와 학습자들의 특성에 적합하게 수업을 설계한다는 것은 결코 쉬운 일이 아니기 때문이다.

다음은 학습자 중심 수업 설계 능력을 촉진시키기 위해 교사 스스로가 행농해야 할 실천 매뉴얼이다.

1.1.1 교육 목표에 부합하는 교육 내용 및 수업 주제를 선정한다.

1.1.2 학습 내용을 재구조화하고 핵심 개념 내용을 추출하여 교수·학습 자료로 활용한다.

1.1.3 핵심 성취기준과 부합되는 범위 내에서 학습자의 실제 생활과 관련된 문제나 사례를 선정한다.

1.1.4 배움 중심 수업을 통해 학습자들의 다양한 사고력이 신장될 수 있도록 수업을 설계한다.

1.1.5 학생들의 실생활과 관련 있는 학습 문제를 활용한 콘텐츠를 설계한다.

1.1.6 다양한 학습자 중심 활동과 협업을 통해 문제를 해결할 수 있는 수업을 설계한다.

1.1.7 다양한 형식과 방법으로 수업 결과물을 공유하고 발표하도록 수업을 설계한다.

1.1.8 배움 중심 수업을 효과적으로 평가하기 위해 과정 중심의 평가를 실시하도록 수업을 설계한다.

2. 디딤 영상 효과적으로 만들기

거꾸로 교실 실천 초보 교사들이 겪는 어려움 중 하나가 디딤 영상 제작과 관련된 것이다. 필자 또한 디딤 영상 제작에 대해서 부담을 느끼는 교사들을 주변에서 많이 봤다. 거꾸로 교실에서 디딤 영상은 실제 수업에서 꼭 알아야 하는 핵심 개념에 대해서 설명하고 안내하는 역할만 하면 된다.

사전 영상은 학생들의 집중 시간을 고려하여 짧게 제작하는 것이 좋다. 여러 문헌과 필자의 경험상 동영상의 길이는 초등학교는 5분에서 7분 내외가 적당하고, 중등은 10분 내외, 대학생인 성인도 20분 내외의 길이로 제작하는 것이 가장 이상적이다. 디딤 영상은 교실 수업에서의 학습자 중심의 다양한 활동과 연계되어 학습자 스스로가 배움을 느끼게 하는 역할을 수행한다. 화려한 동영상 편집기술이나 고화질 영상은 필수 요소가 아니다. 자주 언급했듯이 기존에 공유된 다양한 인터넷 강의 자료로 사전 영상을 대체하여 거꾸로 교실 수업을 진행할 수도 있다.

디딤 영상의 콘텐츠는 교과서나 지도서에 나와 있는 주요 개념을 다루면 되기 때문에 고민할 거리가 별로 없다. 그렇기 때문에 내용적인 부분보다는 방법적인 면에서 교사들이 어려워하는 경우가 많다. 필자는 연구학교에서 2년 동안 거꾸로 교실을 실천하면서 주변의 많은 동료 교사들과 고민하고 협의하면서 다양한 방법으로 디딤 영상을 제작해본 경험이 있다. 여기서는 이 경험을 토대로 실제 학교현장에서 활용해보고 유용하다고 생각되는 디딤 영상 제작 방법에 대해 안내하고자 한다.

여럿이 함께 협력하여 디딤 영상을 제작하는 경우, 혼자서 간단한 동영상 캡처 프로그램을 활용하여 편리하게 디딤 영상을 제작하는 경우, 스마트폰과 기존의 교과서를 가지고 약 5분 만에 디딤 영상을 제작 하는 경우 등 몇 가지 방법으로 디딤 영상 제작 방법을 제시해보고자 한다.

첫째, 거꾸로 교실 실천 동료들과 함께 팀을 이루어 디딤 영상을 제작하는 경우이다. 보통 동학년 교사나 같은 교과목 교사끼리 팀을 이루어 거꾸로 교실 프로젝트를 진행하는 경우에 많이 활용된다. 적게는 2명부터 많게는 5명까지 한 팀을 이루어 거꾸로 교실을 운영하는 것이다. 디딤 영상 제작에 대한 부담을 덜 수 있는 좋은 경우이다.

이와 같은 경우에는 소주제별로 디딤 영상을 나눠서 제작할 수 있다. 거꾸로 교실의 큰 프로젝트를 진행하는 동안 실제 내가 촬영해야 할 디딤 영상이 한 편뿐일 수도 있다. 그리고 사전 영상 제작에 대해

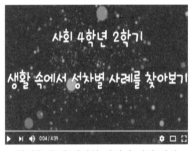
협업을 통해 제작한 사회과 디딤 영상
타이틀 캡처 사진

협업을 통해 제작한 사회과 디딤 영상
강의 모습 캡처 사진

협업을 통해 제작한 과학과 디딤 영상
타이틀 캡처 사진

협업을 통해 제작한 과학과 디딤 영상
강의 모습 캡처 사진

서 서로 미리 협의를 통해 좋은 아이디어를 도출할 수 있으며, 역할 배분을 하여 찍는 사람과 강의하는 사람으로 나눌 수 있기 때문에 수월하게 영상을 제작할 수 있다. 거꾸로 교실의 선구자인 버그만과 샘스 또한 이 방법으로 사전 영상을 제작하였다.

즉, 협업을 통해서 사전 영상을 제작함으로써 교사 개인이 갖는 부담을 최소화하면서 질 좋은 사전 영상을 제작할 수 있게 된다. 실제 필자가 근무했던 학교에서는 학년별로 팀을 이루어 하나의 큰 프로젝트를 설계하여 거꾸로 교실을 학년별로 운영하였다. 사전 영상을 제작할 때 협업을 통해서 편하게 알찬 동영상을 제작할 수 있었다.

둘째, 다양한 동영상 캡처 프로그램을 활용하여 간편하게 혼자서 디딤 영상을 제작하는 경우이다. 동영상 캡처는 말 그대로 스마트폰이나 패드, PC에 있는 화면을 녹화하는 기능을 말한다. 영상뿐만 아니라 음성까지도 녹화할 수 있다.

동영상 캡처 프로그램을 활용해서 디딤 영상을 제작하려면 수업 주제 관련 핵심 내용을 정리한 파워포인트 자료나 디지털 교과서 같은 디지털 콘텐츠 자료가 동영상 제작에 이용하는 스마트폰이나 패드, PC 등에 저장되어 있어야 한다.

디지털 교과서는 에듀넷에서 무료로 다운받아 활용할 수 있다. 현재는 초등 3학년부터 5학년까지 사회, 과학 교과서와 중학교 1학년 사회, 과학 교과서가 개발되어 있다. 차츰 다양한 학년과 과목의 디지털 교과서가 나올 것이다. 학교에서 디지털 교과서가 종이책을 대신할 날

모비즌을 활용한 디딤 영상 제작 방법

① play스토어에서 모비즌으로 검색을 합니다.

② 설치 후 화면에 다음과 같은 위젯이 보이면 잘 설치된 것입니다.

③ 어플을 실행하면 다음과 같이 화면이 나타납니다. 녹화 버튼을 누르면 화면에서 일어나는 것들을 보이는 그대로 녹화를 합니다. 카메라 모양의 버튼은 화면을 이미지 파일로 캡처하는 기능입니다.

④ 일지 정지 버튼은 녹화 버튼을 눌렀을 때만 나타나며, 녹화를 일시 정지합니다. 녹화 완료 후 프로그램을 종료하려면 위젯을 화면 아래쪽으로 드래그하면 됩니다.

도 멀지 않았다.

필자는 연구학교에서 선생님들과 거꾸로 교실을 진행하면서 다양한 동영상 캡처 프로그램을 활용해보았다. 그중에서 추천할 만한 프로그램에는 모비즌, 오캠, explain everything 등이 있다.

여기서는 모비즌을 활용해서 디딤 영상을 제작하는 방법을 간략히 설명하고자 한다. 그 외 오캠, explain everything도 몇 번 사용해보면 누구나 쉽게 활용할 수 있을 것이다. 구체적인 제작 방법은 인터넷에 검색해보면 쉽게 찾을 수 있으니 참고하기 바란다.

모비즌을 활용해서 디딤 영상을 제작하는 방법은 그림에 제시되어 있다.

무엇보다 조작이 간단하고 누구나 한 번 정도 연습해보면 쉽게 동영상을 제작할 수 있다. 화면에 나타나는 모습을 보이는 그대로 간단하게 녹화할 수 있다. 거꾸로 교실 수업을 위한 사전 영상을 간단히 만들 수 있어 정말 유용하다.

또한 기초학습 부진 학생들을 위한 교육 영상을 제작하거나 다양한 어플리케이션 사용 방법을 영상으로 녹화하여 동료 교사들이나 학생들의 스마트 소양 교육에 활용할 수도 있다. 모비즌은 동영상 캡처 기능 외에 모바일이나 패드 화면을 TV에 그대로 보여주는 미러닝 기능도 지원한다.

끝으로, 스마트폰과 기존의 서책형 교과서를 활용하여 혼자서 약 5분 만에 디딤 영상을 제작하는 경우이다. 요즘 스마트폰은 성능이

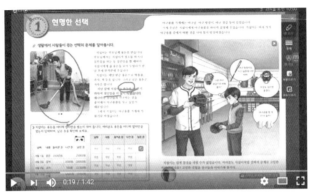

모비즌과 디지털 교과서를 활용해서 제작한 디딤 영상 캡처 사진

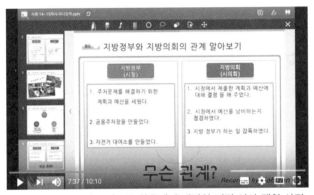

모비즌과 파워포인트 자료를 활용해서 제작한 디딤 영상 캡처 사진

좋아 동영상을 제작하기에 적합하다.

이것은 시간적 여유가 없을 때 쉽게 이용할 수 있는 방법이다. 먼저 스마트폰 거치대를 활용해서 스마트폰을 고정시키고 교과서를 향하게 한다. 그리고 교사는 교과서 해당 내용에 밑줄을 그으면서 주제 관련 개념 설명을 하면서 스마트폰 카메라 기능을 활용하여 동영상 촬영을 하면 된다.

실제로 이 방법으로 사전 영상을 제작하면 5분짜리 동영상을 제작할 때 6~7분 정도의 짧은 시간만 소요된다. 물론 처음 한두 번은 시행착오를 겪을 수 있지만, 동영상 제작에 많은 시간을 투자하지 않더라도 손쉽게 사전 영상을 제작할 수 있을 것이다.

업무에 쫓기고 다양한 어플이나 스마트 도구가 부담스럽다면 이 방법을 추천한다. 다시 한 번 강조하지만, 디딤 영상에서 중요한 것은 화려한 편집이나 고화질 영상이 아니라 수업 주제 관련 핵심 개념에 대한 쉬운 설명과 안내이다.

2-1. 디딤 영상 제작 능력을 향상시키려면?

필자는 디딤 영상 제작 능력이란 "거꾸로 교실 수업 목표 달성을 위해 다양한 디지털 콘텐츠를 활용하여 사전 개념 영상을 효과적으로 제작하는 능력"으로 정의한다. 다양한 디지털 콘텐츠라 함은 디지털 교과서, 동영상 제작 어플, 유튜브 동영상, 주제 관련 파워포인트 자료, 동영상 제작을 위한 스마트 기기 등을 말한다. 디딤 영상의 제작 목표는 거꾸로 교실 수업의 목표 달성이다. 주객이 전도되지 않도록 너무 디딤 영상 제작에만 집중하지 않도록 주의해야 한다. 거꾸로 교실에서의 모든 수업의 목표는 학생들이 스스로 배움을 느끼고 알도록 하는 것이다. 그렇기 때문에 디딤 영상보다는 교실 수업에서 이루어지는 학습자 중심 활동 설계와 진행 부분이 훨씬 중요하다.

다음은 디딤 영상 제작 능력을 촉진시키기 위해 교사 스스로가 행동해야 할 구체적인 실천 매뉴얼이다.

2.1.1 동영상 제작 프로그램(오캠, 모비즌, explain everything 등)을 적절히 활용하여 디딤 영상 제작의 부담을 줄인다.

2.1.2 디딤 영상 및 수업에 활용할 수 있는 다양한 자료를 찾고 수업에 적용할 수 있는 자료를 선별한다.

2.1.3 수업 목표 달성과 관련된 핵심 개념 설명을 중심으로 디딤 영상을 10분 이내로 제작한다.

2.1.4 디딤 영상 제작 시 사용하는 콘텐츠의 저작권 문제에 대해 검토한다.

8장
거꾸로 교실 실천 전략 4:
거꾸로 수업 교수 기술 익히기

거꾸로 교실 수업 실천을 위한 수업 기술은 무엇보다 중요하다. 거꾸로 교실 실천을 위한 역량 모델 구조도에서 거꾸로 교실 실행 영역의 실천 역량군에 속해 있는 역량들에 대해서 알아보고자 한다.

현장 교사들이 가장 어려워하고 필요로 하는 '온라인과 오프라인 활동 연계 전략'과 '학습자 중심 수업 운영' 방법에 대해 구체적으로 다루고자 한다. 같은 역량군에 있는 맞춤형 피드백 제공 능력은 학습자 중심 수업 운영 방법에 포함시켰으며, 자기 수업 성찰 역량은 교사 개인의 정의적 측면에 큰 영향을 받는 부분이므로 여기서는 다루지 않았다. 거꾸로 교실을 실천하고 나서 자기 수업을 성찰하는 것은 교사 개인의 의지에 따라 달라질 수 있기 때문이다.

1. 온라인과 오프라인 활동 연계하기

거꾸로 교실 수업은 크게 온라인과 오프라인 활동으로 구분할 수 있다. 온라인에서는 사전 영상을 통한 개념 학습을 실시하고 댓글을 통한 의견 교환과 협업, 상호 피드백 등이 이루어진다. 오프라인에서는 학습자 중심의 다양한 활동과 결과 발표 등이 이루어진다.

여기서 중요한 것은 온라인 활동과 오프라인 활동의 연계성이다. 크게 두 가지 관점에서 연계성을 설명할 수 있다. 첫째는 온라인에서 시청하는 사전 동영상의 내용과 오프라인에서 다루는 학습 내용과의 관련성이다. 실패한 거꾸로 교실 수업의 경우 온라인에서 시청하는 디딤 영상의 내용이 교실 수업에서의 학습자 활동과 전혀 다른 내용인 경우가 적지 않다. 디딤 영상의 내용과 교실 수업의 수업 내용이 다를 경우 거꾸로 교실 수업은 성공할 수 없다.

두 번째는 오프라인에서 이루어지는 학습자 중심의 활동과 온라인에서의 피드백 및 협업 내용과의 괴리이다. 교실 수업에서 학습자들이 실제 실천한 활동 내용에 대해서 피드백과 댓글을 통한 상호 평가가 이루어져야 하는데, 실천 내용과는 전혀 다른 내용으로 형성평가를 실시하거나 관련 없는 온라인 과제를 내주는 등의 경우가 종종 있다. 이럴 경우에도 거꾸로 교실 수업이 성공하기가 어렵다.

필자는 거꾸로 교실을 실천하고 있는 교사 50명과 일반 학교 교사 50명 등 총 100명을 대상으로 거꾸로 교실을 성공적으로 실천하기 위한 15개 역량 중에서 가장 필요한 역량이 무엇인지 묻는 설문을 실시한 바 있다. 두 집단 모두 온라인과 오프라인을 적절히 연계하는 능력이 가장 필요하다고 응답하였다.

이는 거꾸로 교실 관련 학계 전문가들이 주장하는 연구 결과와 일치한다. 즉, 거꾸로 교실 수업에서 온라인 활동과 오프라인 활동을 적절히 연계하는 것을 현장 교사들이 가장 어려워한다는 것이다.

온라인과 오프라인 활동을 적절히 연계하기 위해서는 거꾸로 수업 설계부터 이와 관련해서 고민하는 자세가 필요하다. 먼저, 사전 영상 제작 단계부터 교육과정에 있는 핵심 성취기준을 참고하여 수업 주제와 관련된 핵심 개념을 선정해야 하며, 이러한 핵심 개념을 잘 설명하는 사전 영상을 제작해야 한다. 그리고 핵심 성취기준을 달성할 수 있도록 학습자 중심 활동을 설계해야 한다.

교실 수업 도입 부분에서는 반드시 온라인 사전 학습 여부 및 수준을 파악할 수 있는 활동을 제시해서 학습자들이 오프라인 수업에 적절히 참여할 수 있도록 상기시키는 과정을 거쳐야 한다. 또한 수업 후에는 학습자들이 보완할 점이나 학습자들의 요구 사항을 파악하여 온라인에서 보충 자료를 제시하고 적절한 피드백을 제공해야 한다. 이러한 과정을 통하면 온라인과 오프라인 활동을 연계시키는 데 큰 어려움이 없을 것이다.

1-1. 온라인과 오프라인 활동 연계 능력을 향상시키려면?

거꾸로 교실 수업에서는 온라인과 오프라인 수업 모두 중요한 역할을 한다. 거꾸로 교실은 온라인과 오프라인 수업을 결합한 블렌디드 교육이다. 그렇기 때문에 온라인 수업과 오프라인 수업의 적절한 연계는 수업의 성공 여부에 큰 영향을 미친다.

온·오프라인 활동 연계 능력이란 "학교 밖 온라인 활동과 교실 오프라인 수업 활동을 유기적으로 연계하는 능력"을 의미한다.

학교 밖 온라인 활동이란 학교 밖에서 이루어지는 사전 동영상 시청부터 온라인에서의 교사-학생, 학생-학생 간의 상호 피드백, 학생 성찰 일지 쓰기 등을 말한다. 이러한 다양한 온라인 활동은 교실 오프라인 수업과 거꾸로 교실 수업의 목표 달성이라는 공동의 목적을 달성하기 위해서 적절히 연계되어야 한다.

다음은 온·오프라인 연계 능력을 촉진시키기 위해 교사 스스로가 행동해야 할 구체적인 실천 매뉴얼이다.

> 1.1.1 디딤 영상에서 제시한 온라인 학습과 교실 오프라인 수업을 적절히 연계(디딤 영상과 관련된 깜짝 퀴즈 풀기, 디딤 영상의 주제 찾기 등)하여 수업을 진행한다.
>
> 1.1.2 교사-학생, 학생-학생 간의 온라인 소통 내용을 오프라인 수업에서 함께 살펴본다.

1.1.3 학생들의 온라인 학습 여부 및 수준을 파악할 수 있는 활동을 제
시하여 오프라인 수업과 연계한다.

1.1.4 사전 수업 활동과 관련된 과제를 제시하고, 오프라인 수업에서 과
제의 내용을 점검한다.

2. 다양한 학습자 중심 수업 운영하기

거꾸로 교실 수업에서는 교사 주도의 수업 시간보다 학습자들의 다
양한 활동 시간이 훨씬 많이 배정된다. 50분 수업 시간이라면 교사는
약 7분에서 10분 정도만 수업을 이끌고 나머지 시간은 다양한 학습자
활동 위주의 수업 시간을 운영하도록 한다. 거꾸로 교실 수업은 학습
자들이 스스로 다양한 활동과 경험을 함으로써 배움이 이루어지도록
하는 구성주의 이론에 뿌리를 두고 있다. 그렇기 때문에 교사 주도의
강의나 일방적인 지식 전달 수업은 철저히 지양하고 학습자 중심의 다
양한 활동 위주의 교실 수업을 하려고 노력해야 한다.

다양한 학습자 중심 수업을 운영하기 위해서는 다양한 수업 전략이
필요하다. 필자는 연구학교를 운영하면서 여러 거꾸로 교실 수업 실천
교사들과 다양한 학습자 중심 수업 전략에 대해서 함께 협의하는 기
회를 자주 가질 수 있었다. 그때 많은 교사들이 활용했던 몇 가지 전
략을 제시해보고자 한다.

첫째로 소개하고자 하는 전략은 하브루타이다. 거꾸로 교실 수업의

이론적 배경 중에는 또래 학습이 있다. 학습자끼리 팀을 이루어 서로 가르쳐주고 배우는 또래 학습은 하브루타와 매우 유사하다. 유대인의 학습법으로 유명해진 하브루타는 학생들이 짝을 이루어 문답형식으로 끊임없이 질문하고 답하는 과정을 통해서 배움을 경험하는 일종의 학습 전략이다. 이러한 하브루타를 거꾸로 교실 수업의 적재적소에 활용함으로써 학습자 중심 수업을 실천할 수 있다. 짝과 함께 둘이 문답형식으로 이야기하거나, 모둠별로 이야기하거나, 혹은 교사와 전체 반 학생들이 서로 문답형식으로 하브루타를 실천할 수 있다.

필자 또한 하브루타를 운영해본 경험이 있다. 서로 묻고 답하는 과정 속에서 학생들이 '아하!' 하고 깨우치는 경우를 많이 보았다. 자신의 머릿속 생각을 말로 꺼내는 과정에서 배움이 일어나는 것이다. 머릿속에 개념적으로 존재하는 지식은 나만의 언어로 혼잣말하기 혹은 타인에게 설명하기 등의 정교화 과정을 통해 지식의 내면화가 가능하게 된다. 이러한 과정을 통해 자기 자신도 모르게 어느 순간 배움이 일어나는 것이다. 학습자 스스로 배움을 경험하게 되고 나아가 문제를 해결하는 순간을 자주 볼 수 있었다. 그리고 교사의 시각에서 피드백을 주는 경우보다 같은 학습자 입장에서 피드백을 주는 경우가 훨씬 효과적인 경우에 하브루타의 장점은 더욱 빛을 내게 된다.

둘째, 학습자 맞춤형 피드백 전략이다. 거꾸로 교실에 참여하는 각 학습자들은 특성과 수준이 다양하다. 각자 잘하는 분야와 좋아하는 활동이 있다. 거꾸로 교실 수업에서 실시되는 교실 수업에서의 다양한 학습자 중심 활동은 학습자들의 흥미와 관심을 불러일으킬 수 있는 매력이 있어야 한다. 학습자들의 흥미와 동기가 없는 활동은 적극적인 참여를 가져올 수 없다. 그렇기 때문에 학습자의 수준과 성향에 맞추어 다양한 활동을 제공하는 것이 중요하다. 수학에서 덧셈과 뺄셈도 못하는 학생에게 곱셈과 관련된 문제를 풀게 하면 스스로 공부하려는 흥미를 잃고 배움이 일어나지 못한다. 또한 만들기를 좋아하는 학생이 있는가 하면 말로 표현하는 것을 좋아하는 학생이 있다. 학습자마다 가지고 있는 수준과 개성은 다양하다.

학습자 맞춤형 피드백 전략의 구체적인 방법 중에 하나는 학생의 선수 학습 수준에 맞는 문제를 제공하는 것이다. 학생들의 사전 수준을 미리 파악하고 학습자 중심 활동 시간에 학생 각자의 수준에 맞는 문제를 주는 것이 배움에 더욱 효과적이다.

쉬운 예로 수학에서 도형의 둘레와 넓이를 공부할 때 선수 학습 수준을 미리 파악한 후에 학생들의 수준을 세 그룹 정도로 구분하고 해당되는 문제지를 주는 것이다. 기본 직사각형과 정사각형의 둘레와 넓이를 구하는 그룹, 약간 변형된 형태의 직사각형과 정사각형의 둘레와 넓이를 구하는 그룹, 조금 더 복잡한 모양의 직사각형과 정사각형의 둘레와 넓이를 구하는 그룹으로 구분하고 학습자 중심 활동 시간에 각 그룹별로 수준에 맞는 학습지를 해결하도록 하는 것이다. 문제를 풀면서 짝에게 풀이과정을 설명하게 하거나 각기 다른 수준의 학생들끼리 서로 짝을 지어주고 문제를 같이 협의하면서 해결하도록 하는 것도 좋은 방법이다. 학생들이 자신감을 갖고 적극적으로 참여하는 모습을 볼 수 있을 것이다.

학습자의 성향에 따라 활동을 선택할 수 있는 기회를 주는 것도 좋은 방법이다. 다양한 만들기 도구를 활용해서 무엇인가를 만드는 활동을 한다거나, 학습지를 활용해서 관련 문제를 푼다거나, 혹은 그림으로 표현한다거나 스마트폰을 활용해서 UCC 동영상을 만든다거나, 모둠 친구나 짝에게 말로 설명하는 등의 다양한 활동을 선택하게 하는 것이다.

교사가 거꾸로 교실 수업 시간에 정해놓은 한 가지 활동만 무조건적으로 수행하도록 하는 것은 지양해야 한다. 때로는 학습자들의 성향에 따라 선택할 수 있는 활동을 제공해야 한다. 이러한 선택 활동을 통해서 학습자에게 적합한 피드백을 제공할 수 있게 되며, 학습자들의 참여 동기가 커져 적극적으로 참여하는 모습을 볼 수 있을 것이다.

셋째, 독서교육과 결합된 다양한 토의·토론 방법의 활용이다. 거꾸로 교실 수업에서 수업 주제와 관련 있는 책과 결합하여 학습자 중심 수업을 진행하는 것이다. 선정한 책 한 권을 가지고 다양한 활동을 수행하는 슬로리딩 프로그램이나 미국의 학생 중심 독서교육 프로그램과 유사한 방법이다.

필자는 실제로 미국 현지 교사와 미국의 학생 중심 독서교육 프로그램에 대해서 이야기할 기회가 있었다. 미국 현지 초등 교사인 셸리

스Celise는 미국도 독서교육과 결합된 학습자 중심 교육을 주정부 차원에서 강조하고 있다고 하였다. 학생들이 독서를 통해 새롭게 알게 된 내용을 친구들과 말하고 토의·토론을 통해서 서로의 생각을 공유하고 글로 쓰면서 결과물을 만들어내는 활동으로 구성되어 있다. 실제로 필자가 근무했던 학교에서 운영했던 독서교육과 별반 차이가 없었다.

거꾸로 교실 수업에서 수업 주제와 관련 있는 책을 읽고 책과 관련된 다양한 활동을 학습자 중심 수업 활동으로 설계하여 운영하는 경우도 많이 볼 수 있다. 책을 읽는 것에서 멈추지 않고 책의 내용을 바탕으로 생각과 의견을 교환하고 다양한 표현활동을 함으로써 학생들의 배움을 이끌어내는 것이다.

2-1. 학습자 중심 수업 운영 능력을 향상시키려면?

거꾸로 교실 수업에서 학습자들의 진정한 배움은 다양한 학습자 중심 활동 속에서 일어난다. 그만큼 거꾸로 교실에서는 학습자 중심 활동이 차지하는 비중이 크다고 할 수 있다. 학습자 중심 수업 운영 능력은 "학습의 주도권을 학생들에게 주고 시의적절한 학습 개입을 통해 거꾸로 교실 수업의 학습 효과를 제고시키고 학생의 특성과 수준에 맞는 적절한 피드백을 제공하는 능력"으로 정의할 수 있다.

이러한 학습자 중심 수업 운영 능력을 발달시키기 위해서는 무엇보다 교사의 욕심을 버려야 한다. 학생들에게 수업의 주도권을 주고 인내심을 갖고 기다릴 줄 알아야 한다. 기존의 강의식으로 주도했던 몸에 밴 습관과 아이들에게 지식을 전달하고자 하는 욕심을 버릴 수 있어야 한다.

또한 학습자 중심 수업 전략에 대한 연구와 도전이 있어야 한다. 하브루타나 슬로리딩 같은 다양한 학습자 중심 수업 전략에 대해서 연구하고 시도해보는 자세가 필요하다. 이렇게 함으로써 자신만의 하브루타 전략과 슬로리딩 전략이 만들어지게 된다. 새롭게 등장하는 이러한 학습자 중심 수업 전략들이 나에게 100% 맞을 수는 없다. 시도해보고 교사 자신과 학생들에게 적합한 전략으로 수정·보완해가야 한다. 김 교사, 박 교사, 이 교사만의 학습자 수업 운영 전략으로 재탄생되도록 하는 것이다.

다음은 학습자 중심 수업 운영 능력을 촉진시키기 위해 교사 스스로가 평상시 행동해야 할 실천 매뉴얼이다.

2.1.1 학생들 스스로 활동하고 학습하도록 하는 학습자 중심 수업이 될 수 있게 학생들의 자율성을 존중한다.

2.1.2 협력학습을 위한 모둠 내 역할을 학습자 스스로 선정할 수 있도록 독려한다.

2.1.3 거꾸로 교실 수업 유형(토의 학습, 또래 학습 등)에 맞는 학습 전략(하브루타, 퀴즈 형식 등)을 활용한다.

2.1.4 학습자의 의견이나 생각을 충분이 들어주고 적절한 안내를 제공한다.

2.1.5 오프라인 수업에서 꾸준하게 학생들을 관찰하고 필요할 때 피드백을 제공한다.

2.1.6 수업 전 학생들의 선수 학습 이해도를 파악하고 적절한 보충 자료를 제공한다.

2.1.7 학생들의 수준을 파악하여 학생 개인의 수준에 맞는 문제 및 학습 전략을 제시한다.

2.1.8 학습자의 성향(외향적, 내향적)을 파악하여 특성에 맞는 학습 형태를 제시한다.

맺는말

우리는 에듀테크 세상에서
살아가고 있다

최근 미국에서 열린 교육 관련 국제학회에 참석했을 때 교육 Education과 기술Technology을 융합한 에듀테크EduTech라는 말이 많이 논의되었던 걸 보면, 국내뿐만 아니라 전 세계적으로 에듀테크가 이슈가 되는 건 기정사실인 것 같다. 세계 여러 선진국에서는 에듀테크를 기반으로 한 각종 교육 프로그램에 많은 투자를 하고 있다. 다양한 교육용 앱이나 프로그램 등을 개발하고 있다. 교육과 테크놀로지를 결합한 에듀테크는 기존의 이러닝Electronic learning, 모바일 러닝Mobile learning과 유비쿼터스 러닝Ubiquitous learning과 연계하여 다양한 용어와 방식으로 널리 확산되고 있다.

교육과 IT기술을 접목한 에듀테크는 우리 교육이 나아가야 할 방향성을 보여준다. 교육에 IT기술을 적절히 활용하는 에듀테크는 앞으로 더욱 중요성이 커질 것이다. 우리가 20년 전에 배운 지식과 교수·학습 방법을 바탕으로 20년 뒤를 살아갈 아이들을 똑같이 가르친다고 생각해보자. 미래 우리 아이들이 살아갈 시기에는 지금 우리에게 중요한 것이 무용지물이 될지도 모른다. 21세기를 살아갈 아이들에게 필요한 것은 단순 지식이 아니라 창의력과 의사소통 능력 같은 고차원적인 사고력이다. 최근 사회적으로 화두가 되고 있는 4차 산업혁명이 논의됨에 따라 우리 사회는 더욱더 미래 사회가 요구하는 창의적인 인재를 필요로 한다.

거꾸로 교실이 이러한 에듀테크와 적절히 결합할 경우 매우 효과적일 수 있다. 온라인에서의 사전 동영상 시청을 통한 개념 학습, SNS를 활용한 다양한 소통과 피드백, 그리고 오프라인인 교실 수업에서의 다양한 학습자 중심 활동으로 이루어지는 거꾸로 교실은 IT기술이 교육에 적절히 접목된 좋은 예라고 할 수 있다.

아이들이 초롱초롱한 눈으로 교사를 바라보고 땀을 뻘뻘 흘리며 열심히 활동하고 협업으로 문제를 해결하는 모습을 보면 거꾸로 교실의 미래를 엿볼 수 있다. 이러한 아이들이 성장하면 더욱 창의적이고 남을 배려할 줄 아는 사람이 될 것이라 믿어 의심치 않는다.

'사전 동영상 만들기가 어렵다! 디지털 기기와 친하지 않다!'는, 할 수 없다는 편견만 버리면 누구든지 금방 배우고 실천할 수 있다. 우선 도전해보자. 주변 동료 선생님들과 같이 시작하는 것을 추천한다. 사전 영상 제작에 초점을 맞추지 말고 교실에서 실시하는 다양한 학생 중심 활동에 초점을 맞추어 거꾸로 교실을 설계해보기를 바란다. 우리 아이들에게 과거에 필요한 지식이 아니라 미래에 필요한 능력을 키워주는 여러분이 되면 좋겠다. 사회가 변하였듯 교사들도 변해야 한다.

이 책은 거꾸로 교실을 주제로 연구학교를 2년간 운영하면서 학교 현장에서 실제적으로 느끼고 알게 된 내용과 대학에서 거꾸로 교실과 관련된 국내외 다양한 문헌들을 이론적으로 공부하고 강의를 통해 이를 실천하면서 새롭게 알게 된 내용을 토대로 집필되었다.

거꾸로 교실을 적극적으로 실천해준 연구학교 선생님들과 거꾸로 교실 수업에 적극적으로 참여해준 학생들 그리고 실천 사례 인터뷰에 참여해준 거꾸로 교실 실천 우수 선생님들과 각종 설문에 참여해준 많은 선생님들께 감사의 말을 전하고 싶다.

거꾸로 교실을 통해 선생님들과 우리 아이들이 행복한 학교, 즐거운 학교가 될 수 있기를 진심으로 기원한다.

2018년 10월

저자 일동

참고 문헌 및 사이트

- 김상홍(2015). 스마트 교육 기반 플립러닝 수업모형 개발. 인천대학교 대학원 박사학위논문.
- 류광모(2017). 스마트 교육 기반 플립러닝 실천을 위한 초등 교사 역량 모델 개발. 인천대학교 대학원 박사학위논문.
- 미래교실네트워크(2016). 거꾸로 교실 프로젝트. 서울: ㈜에듀니티.
- 박영숙 & Jerome, C.(2015). 유엔미래보고서 2045. 파주: 교보문고㈜.
- 박소연(2010). 사회적 기업가의 역량 모델 개발 연구. HRD연구, 12(2), 67-87.
- 변정현, 이진구, 박용호(2012). 특성화고 취업지원관의 직무역량 요구 분석. 직업능력개발연구, 15(3), 27-51.
- 손성호, 김상홍(2016). 초등교육에서 플립러닝 성공전략 탐색: 교사 및 학습자의 학습과정을 중심으로. 학습자중심교과교육연구, 16(11), 1287-1310.
- 송은아, 강완, 백석윤(2008). 초등 수학 또래교수 활동에 나타난 의사소통 특성 분석. 한국초등교육, 18(2), 35-50.
- 손은주, 박정혜, 임인철, 임용, 홍석우(2015). 대학수업에 적용된 플립러닝이 대학생의 학습 동기에 미치는 효과. 인지발달중재학회지, 6(2), 97-117.
- 이민경(2014). 거꾸로 교실(Flipped Classroom)의 효과와 의미에 대한 사례 연구. 한국교육연구, 41(1), 87-116.
- 이종연, 박상훈, 강혜진, 박성열(2014). Flipped learning의 의의 및 교육 환경에 관한 탐색적 연구. 디지털컨버전스학회, 12(9), 313-323.
- 이종욱, 김인근(2015). 역량기반 교육모델 관점의 플립 수업 성과에 관한 연구. 중등교육연구, 63(4). 505-538.
- 임정훈(2004). 혼합형 학습(blended learning) 전략의 초·중등학교 현장 적용 가능성 탐색. 교육학 연구, 42(2), 399-431.
- 임정훈(2016). 대학교육에서 플립러닝(Flipped Learning)의 효과적 활용을 위한 교수학습 전략 탐색: 사례 연구. 교육공학연구, 32(1), 165-199.

- 임정훈·김상홍(2016). 스마트 기반 플립러닝이 학업성취도, 협업능력 및 정보활용능력에 미치는 효과. 교육공학연구, 32(4), 809-836.
- 장은주(2015). 국어수업에서 '거꾸로 교실' 적용 방안 연구. 한국교원교육연구, 31(2), 199-217.
- 정명기(2015). 초등 영어 스마트 교육을 위한 플립드 교수·학습 모형의 개발 및 적용. 한국교원대학교 대학원 박사학위논문.
- 조성문(2012). 블렌디드 학습 환경에서 성찰적 사고 수준과 스캐폴딩 유형이 인지적 실재감 및 학업성취에 미치는 효과. 중앙대학교 대학원 박사학위논문.
- 채석용(2015) 플립러닝 철학수업에서의 글쓰기, 대학작문연구, 10, 205-240.
- Bergmann, J., & Sams, A.(2012). *Flip your classroom: reach every student inevery class every class every day.* Washington DC: ISTE, ASCD.
- Bishop, J. L., & Verleger, M. A.(2013). *The flipped classroom: A survey of the research.* In proceedings of the ASEE National Conference. Atlanta, GA.
- Enfield, J.(2013). Looking at the impact of the flipped classroom model of instruction on undergraduate multimedia students at CSUN. *Tech trends; Linking Research & Practice To Improve Learning, 57*(6), 14-27.
- Go, Y. B., & Kwon, O. N.(2013). Practice of inquiry oriented learning activities in the flipped classroom for multivariable calculus. *Conference on Mathe-matical Education, 2013*(2), 623 624.
- Hamdan, N., McKnight, P., McKnight, K., & Arfstrom, K. M.(2013). *A review of flipped learning. Retrieved November 2, 2013 form* http://research network.person.com/wpcontent/uploades/ExecSummary FlippedLearning.pdf.
- Johnson, L. W., & Renner, J. D.(2012). *Effect of the flipped classroom model on a secondary computer applications course: Student and teacher perceptions, questions and student achievement.* Unpublished

doctoral dissertation, University of Louisville, KY.

• Prensky, M.(2001). Digital natives, digital immigrants. *MCB University Press, 9*(5), 1-6.
• Richard, P., & Strayer, J. F.(2012). Vodcast and active-Learning Exercises in a "Flipped Classroom" Model of a renal pharmacotherapy module. *American Journal of Pharmaceutical Education, 76*(10), 1-5.
• Toffler, A.(2001). 위기를 넘어서: 21세기 한국의 비전. 정보통신정책연구원 연구보고서, 01-08.

참고 사이트

1. e-나라지표 http://www.index.go.kr
2. 한국방정환재단 http://www.korsofa.org
3. 한국교육학술정보원 http://keris.or.kr
4. New Media Consortium http://www.nmc.org
5. Flipped Learning Network http://flippedlearning.org
6. 미래교실네트워크 http://www.futureclassnet.org
7. 구글 플레이 스토어 http://play.google.com/store
8. 위키백과 http://ko.wikipedia.org

삶의 행복을 꿈꾸는 교육은 어디에서 오는가?

미래 100년을 향한 새로운 교육 · 혁신교육을 실천하는 교사들의 필독서

▶ 교육혁명을 앞당기는 배움책 이야기
혁신교육의 철학과 잉걸진 미래를 만나다!

한국교육연구네트워크 총서

 01 핀란드 교육혁명
한국교육연구네트워크 엮음 | 320쪽 | 값 15,000원

 02 일제고사를 넘어서
한국교육연구네트워크 엮음 | 284쪽 | 13,000원

 03 새로운 사회를 여는 교육혁명
한국교육연구네트워크 엮음 | 380쪽 | 값 17,000원

 04 교장제도 혁명
한국교육연구네트워크 엮음 | 268쪽 | 값 14,000원

 05 새로운 사회를 여는 교육자치 혁명
한국교육연구네트워크 엮음 | 312쪽 | 값 15,000원

 06 혁신학교에 대한 교육학적 성찰
한국교육연구네트워크 엮음 | 308쪽 | 값 15,000원

 07 진보주의 교육의 세계적 동향
한국교육연구네트워크 엮음 | 324쪽 | 값 17,000원

 08 더 나은 세상을 위한 학교혁명
한국교육연구네트워크 엮음 | 404쪽 | 값 21,000원

한국교육연구네트워크 번역 총서

 01 프레이리와 교육
존 엘리아스 지음 | 한국교육연구네트워크 옮김
276쪽 | 값 14,000원

 02 교육은 사회를 바꿀 수 있을까?
마이클 애플 지음 | 강희룡·김선우·박원순·이형빈 옮김
356쪽 | 값 16,000원

 03 비판적 페다고지는
세상을 변화시킬 수 있는가?
Seewha Cho 지음 | 심성보·조시화 옮김 | 280쪽 | 값 14,000원

 04 마이클 애플의 민주학교
마이클 애플·제임스 빈 엮음 | 강희룡 옮김 | 276쪽 | 값 14,000원

 05 21세기 교육과 민주주의
넬 나딩스 지음 | 심성보 옮김 | 392쪽 | 값 18,000원

 06 세계교육개혁:
민영화 우선인가 공적 투자 강화인가?
린다 달링-해먼드 외 지음 | 심성보 외 옮김 | 408쪽 | 값 21,000원

 혁신학교
성열관·이순철 지음 | 224쪽 | 값 12,000원

 행복한 혁신학교 만들기
초등교육과정연구모임 지음 | 264쪽 | 값 13,000원

 서울형 혁신학교 이야기
이부영 지음 | 320쪽 | 값 15,000원

 혁신교육, 철학을 만나다
브렌트 데이비스·데니스 수마라 지음
현인철·서용선 옮김 | 304쪽 | 값 15,000원

 혁신교육 존 듀이에게 묻다
서용선 지음 | 292쪽 | 값 14,000원

 다시 읽는 조선 교육사
이만규 지음 | 750쪽 | 값 33,000원

 대한민국 교육혁명
교육혁명공동행동 연구위원회 지음 | 224쪽 | 값 12,000원

 대한민국 교사, 어떻게 가르칠 것인가?
윤성관 지음 | 320쪽 | 값 15,000원

 아이들을 어떻게 가르칠 것인가
사토 마나부 지음 | 박찬영 옮김 | 232쪽 | 값 13,000원

 모두를 위한 국제이해교육
한국국제이해교육학회 지음 | 364쪽 | 값 16,000원

 경쟁을 넘어 발달 교육으로
현광일 지음 | 288쪽 | 값 14,000원

 독일 교육, 왜 강한가?
박성희 지음 | 324쪽 | 값 15,000원

  핀란드 교육의 기적
한넬레 니에미 외 엮음 | 장수명 외 옮김 | 456쪽 | 값 23,000원

 한국 교육의 현실과 전망
심성보 지음 | 724쪽 | 값 35,000원

▶ 비고츠키 선집 시리즈
발달과 협력의 교육학 어떻게 읽을 것인가?

 생각과 말
레프 세묘노비치 비고츠키 지음
배희철·김용호·D. 켈로그 옮김 | 690쪽 | 값 33,000원

 성장과 분화
L.S. 비고츠키 지음 | 비고츠키 연구회 옮김
308쪽 | 값 15,000원

 도구와 기호
비고츠키·루리야 지음 | 비고츠키 연구회 옮김
336쪽 | 값 16,000원

 의식과 숙달
L.S 비고츠키 | 비고츠키 연구회 옮김
348쪽 | 값 17,000원

 어린이 자기행동숙달의 역사와 발달 I
L.S. 비고츠키 지음 | 비고츠키 연구회 옮김
564쪽 | 값 28,000원

 분열과 사랑
L.S. 비고츠키 지음 | 비고츠키연구회 옮김
260쪽 | 값 16,000

 어린이 자기행동숙달의 역사와 발달 II
L.S. 비고츠키 지음 | 비고츠키 연구회 옮김
552쪽 | 값 28,000원

 관계의 교육학, 비고츠키
진보교육연구소 비고츠키교육학실천연구모임 지음
300쪽 | 값 15,000원

 어린이의 상상과 창조
L.S. 비고츠키 지음 | 비고츠키 연구회 옮김
280쪽 | 값 15,000원

 비고츠키 생각과 말 쉽게 읽기
진보교육연구소 비고츠키교육학실천연구모임 지음
316쪽 | 값 15,000원

 연령과 위기
L.S. 비고츠키 지음 | 비고츠키 연구회 옮김
336쪽 | 값 17,000원

 비고츠키와 인지 발달의 비밀
A.R. 루리야 지음 | 배희철 옮김 | 280쪽 | 값 15,000원

 수업과 수업 사이
비고츠키 연구회 지음 | 196쪽 | 값 12,000원

 교사와 부모를 위한 비고츠키 교육학
카르포프 지음 | 실천교사번역팀 옮김 | 308쪽 | 값 15,000원

 비고츠키의 발달교육이란 무엇인가?
비고츠키교육학실천연구모임 지음 | 412쪽 | 값 21,000원

▶ 살림터 참교육 문예 시리즈
영혼이 있는 삶을 가르치는 온 선생님을 만나다!

 꽃보다 귀한 우리 아이는
조재도 지음 | 244쪽 | 값 12,000원

 선생님이 먼저 때렸는데요
강병철 지음 | 248쪽 | 값 12,000원

 성깔 있는 나무들
최은숙 지음 | 244쪽 | 값 12,000원

 서울 여자, 시골 선생님 되다
조경선 지음 | 252쪽 | 값 12,000원

 아이들에게 세상을 배웠네
명혜정 지음 | 240쪽 | 값 12,000원

 행복한 창의 교육
최창의 지음 | 328쪽 | 값 15,000원

 밥상에서 세상으로
김흥숙 지음 | 280쪽 | 값 13,000원

 북유럽 교육 기행
정애경 외 14인 지음 | 288쪽 | 값 14,000원

 우물쭈물하다 끝난 교사 이야기
유기창 지음 | 380쪽 | 값 17,000원

▶ 4·16, 질문이 있는 교실 마주이야기
통합수업으로 혁신교육과정을 재구성하다!

통하는 공부
김태호·김형우·이경석·심우근·허진만 지음
324쪽 | 값 15,000원

내일 수업 어떻게 하지?
아이함께 지음 | 300쪽 | 값 15,000원
2015 세종도서 교양부문

인간 회복의 교육
성래운 지음 | 260쪽 | 값 13,000원

교과서 너머 교육과정 마주하기
이윤미 외 지음 | 368쪽 | 값 17,000원

수업 고수들 수업·교육과정·평가를 말하다
박현숙 외 지음 | 368쪽 | 값 17,000원

도덕 수업, 책으로 묻고 윤리로 답하다
울산도덕교사모임 지음 | 320쪽 | 값 15,000원

체육 교사, 수업을 말하다
전용진 지음 | 304쪽 | 값 15,000원

교실을 위한 프레이리
아이러 쇼어 엮음 | 사람대사람 옮김 | 412쪽 | 값 18,000원

마을교육공동체란 무엇인가?
서용선 외 지음 | 360쪽 | 값 17,000원

교사, 학교를 바꾸다
정진화 지음 | 372쪽 | 값 17,000원

함께 배움
학생 주도 배움 중심 수업 이렇게 한다
니시카와 준 지음 | 백경석 옮김 | 280쪽 | 값 15,000원

공교육은 왜?
홍섭근 지음 | 352쪽 | 값 16,000원

자기혁신과 공동의 성장을 위한
교사들의 필리버스터
윤양수·원종희·장군·조경삼 지음 | 280쪽 | 값 14,000원

함께 배움 이렇게 시작한다
니시카와 준 지음 | 백경석 옮김 | 196쪽 | 값 12,000원

함께 배움 교사의 말하기
니시카와 준 지음 | 백경석 옮김 | 188쪽 | 값 12,000원

교육과정 통합, 어떻게 할 것인가?
성열관 외 지음 | 192쪽 | 값 13,000원

동양사상에게 인공지능 시대를 묻다
홍승표 외 지음 | 260쪽 | 값 15,000원

미래교육의 열쇠, 창의적 문화교육
심광현·노명우·강정석 지음 | 368쪽 | 값 16,000원

주제통합수업, 아이들을 수업의 주인공으로!
이윤미 외 지음 | 392쪽 | 값 17,000원

수업과 교육의 지평을 확장하는 수업 비평
윤양수 지음 | 316쪽 | 값 15,000원
2014 문화체육관광부 우수교양도서

교사, 선생이 되다
김태은 외 지음 | 260쪽 | 값 13,000원

교사의 전문성, 어떻게 만들어지나
국제교원노조연맹 보고서 | 김석규 옮김 392쪽 | 값 17,000원

수업의 정치
윤양수·원종희·장군 지음 | 280쪽 | 값 14,000원

학교협동조합,
현장체험학습과 마을교육공동체를 잇다
주수원 외 지음 | 296쪽 | 값 15,000원

거꾸로교실,
잠자는 아이들을 깨우는 수업의 비밀
이민경 지음 | 280쪽 | 값 14,000원

교사는 무엇으로 사는가
정은균 지음 | 292쪽 | 값 15,000원

마음의 힘을 기르는 감성수업
조선미 외 지음 | 300쪽 | 값 15,000원

작은 학교 아이들
지경준 엮음 | 376쪽 | 값 17,000원

아이들의 배움은 어떻게 깊어지는가
이시이 준지 지음 | 방지현·이창희 옮김 | 200쪽 | 값 11,000원

대한민국 입시혁명
참교육연구소 입시연구팀 지음 | 220쪽 | 값 12,000원

교사를 세우는 교육과정
박승열 지음 | 312쪽 | 값 15,000원

전국 17명 교육감들과 나눈
교육 대담
최창의 대담·기록 | 272쪽 | 값 15,000원

들뢰즈와 가타리를 통해
유아교육 읽기
리세롯 마리엣 올슨 지음 | 이연선 외 옮김 | 328쪽 | 값 17,000원

학교 민주주의의 불한당들
정은균 지음 | 276쪽 | 값 14,000원

학교 혁신의 길, 아이들에게 묻다
남궁상운 외 지음 | 272쪽 | 값 15,000원

 교육과정, 수업, 평가의 일체화
리사 카터 지음 | 박승열 외 옮김 | 196쪽 | 값 13,000원

 프레이리의 사상과 실천
사람대사람 지음 | 352쪽 | 값 18,000원

 학교를 개선하는 교장
지속가능한 학교 혁신을 위한 실천 전략
마이클 풀란 지음 | 서동연·정효준 옮김 | 216쪽 | 값 13,000원

 혁신학교, 한국 교육의 미래를 열다
송순재 외 지음 | 608쪽 | 값 30,000원

 공자던, 논어는 이것이다
유문상 지음 | 392쪽 | 값 18,000원

 페다고지를 위하여
프레네의 『페다고지 불변요소』 읽기
박찬영 지음 | 296쪽 | 값 15,000원

 교사와 부모를 위한
발달교육이란 무엇인가?
현광일 지음 | 380쪽 | 값 18,000원

 노자와 탈현대 문명
홍승표 지음 | 284쪽 | 값 15,000원

 교사, 이오덕에게 길을 묻다
이무완 지음 | 328쪽 | 값 15,000원

 선생님, 민주시민교육이 뭐예요?
염경미 지음 | 244쪽 | 값 15,000원

 낙오자 없는 스웨덴 교육
레이프 스트란드베리 지음 | 변광수 옮김 | 208쪽 | 값 13,000원

 어쩌다 혁신학교
유우석 외 지음 | 380쪽 | 값 17,000원

 끝나지 않은 마지막 수업
장석웅 지음 | 328쪽 | 값 20,000원

 미래, 교육을 묻다
정광필 지음 | 232쪽 | 값 15,000원

 대구, 박정희 패러다임을 넘다
세대열 엮음 | 292쪽 | 값 20,000원

 대학, 협동조합으로 교육하라
박주희 외 지음 | 252쪽 | 값 15,000원

 경기꿈의학교
진흥섭 외 지음 | 360쪽 | 값 17,000원

 입시, 어떻게 바꿀 것인가?
노기원 지음 | 306쪽 | 값 15,000원

 학교를 말한다
이성우 지음 | 292쪽 | 값 15,000원

 촛불시대, 혁신교육을 말하다
이용관 지음 | 240쪽 | 값 15,000원

 행복도시 세종, 혁신교육으로 디자인하다
곽순일 외 지음 | 392쪽 | 값 18,000원

 라운드 스터디
이시이 데루마사 외 엮음 | 224쪽 | 값 15,000원

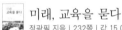 나는 거꾸로 교실 거꾸로 교사
류광모·임정훈 지음 | 212쪽 | 값 13,000원

 미래교육을 디자인하는 학교교육과정
박승열 외 지음 | 348쪽 | 값 18,000원

▶ 남북이 하나 되는 두물머리 평화교육
분단 극복을 위한 치열한 배움과 실천을 만나다

 10년 후 통일
정동영·지승호 지음 | 328쪽 | 값 15,000원

 선생님, 통일이 뭐예요?
정경호 지음 | 252쪽 | 값 13,000원

 분단시대의 통일교육
성래운 지음 | 428쪽 | 값 18,000원

 김창환 교수의 DMZ 지리 이야기
김창환 지음 | 264쪽 | 값 15,000원

 한반도 평화교육 어떻게 할 것인가
이기범 외 지음 | 252쪽 | 값 15,000원

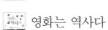

▶ 더불어 사는 정의로운 세상을 여는 인문사회과학
사람의 존엄과 평등의 가치를 배운다

밥상혁명
강양구·강이현 지음 | 298쪽 | 값 13,800원

좌우지간 인권이다
안경환 지음 | 288쪽 | 값 13,000원

도덕 교과서 무엇이 문제인가?
김대용 지음 | 272쪽 | 값 14,000원

민주시민교육
심성보 지음 | 544쪽 | 값 25,000원

자율주의와 진보교육
조엘 스프링 지음 | 심성보 옮김 | 320쪽 | 값 15,000원

민주시민을 위한 도덕교육
심성보 지음 | 500쪽 | 값 25,000원
2015 세종도서 학술부문

민주화 이후의 공동체 교육
심성보 지음 | 392쪽 | 값 15,000원
2009 문화체육관광부 우수학술도서

교과서 밖에서 배우는 인문학 공부
정은교 지음 | 280쪽 | 값 13,000원

갈등을 넘어 협력 사회로
이창언·오수길·유문종·신윤관 지음 | 280쪽 | 값 15,000원

오래된 미래교육
정재걸 지음 | 392쪽 | 값 18,000원

동양사상과 마음교육
정재걸 외 지음 | 356쪽 | 값 16,000원
2015 세종도서 학술부문

대한민국 의료혁명
전국보건의료산업노동조합 엮음 | 548쪽 | 값 25,000원

교과서 밖에서 배우는 철학 공부
정은교 지음 | 280쪽 | 값 14,000원

교과서 밖에서 배우는 고전 공부
정은교 지음 | 288쪽 | 값 14,000원

교과서 밖에서 배우는 사회 공부
정은교 지음 | 304쪽 | 값 15,000원

전체 안의 전체 사고 속의 사고
김우창의 인문학을 읽다
현광일 지음 | 320쪽 | 값 15,000원

교과서 밖에서 배우는 윤리 공부
정은교 지음 | 292쪽 | 값 15,000원

카스트로, 종교를 말하다
피델 카스트로·프레이 베토 대담 | 조세종 옮김
420쪽 | 값 21,000원

한글 혁명
김슬옹 지음 | 388쪽 | 값 18,000원

일제강점기 한국철학
이태우 지음 | 448쪽 | 값 25,000원

▶ 창의적인 협력 수업을 지향하는 삶이 있는 국어 교실
우리말 글을 배우며 세상을 배운다

중학교 국어 수업 어떻게 할 것인가?
김미경 지음 | 340쪽 | 값 15,000원

토론의 숲에서 나를 만나다
명혜정 엮음 | 312쪽 | 값 15,000원

토닥토닥 토론해요
명혜정·이명선·조선미 엮음 | 288쪽 | 값 15,000원

인문학의 숲을 거니는 토론 수업
순천국어교사모임 엮음 | 308쪽 | 값 15,000원

어린이와 시
오인태 지음 | 192쪽 | 값 12,000원

수업, 슬로리딩과 함께
박경숙·강슬기·김정욱·장소현·강민정·전혜림·이혜민 지음
268쪽 | 값 15,000원

▶ 출간 예정

참된 삶과 교육에 관한
생각 줍기